Ludwig Burgdörfer

Bohnerwachs und Streuselkuchen

Verlagshaus
Speyer GmbH

© 2017, Verlagshaus Speyer GmbH
3. Auflage, 2021

Gesamtherstellung: Verlagshaus Speyer GmbH
www.verlagshaus-speyer.de
Druck: Ninodruck GmbH

ISBN 978-3-939512-88-2

Ludwig Burgdörfer

BOHNERWACHS
und
STREUSELKUCHEN

**Biografisch-theologische
Fundstücke aus meiner Kindheit
im letzten Jahrtausend**

Verlagshaus
Speyer GmbH

INHALTSVERZEICHNIS

Unserem Enkelkind
Felix Ludwig
gewidmet

Es war im Sommer 1977. Ludwig Burgdörfers VW-Käfer stand vor dem Adolf-Schlatter-Haus in Bethel – und wir, Kommilitoninnen und Kommilitonen, halfen ihm beim Packen. Nach den ersten vier Semestern an der Kirchlichen Hochschule Bethel sollte ihn seine weitere Studienreise nach Heidelberg führen. Seit diesen gemeinsamen Tagen unseres Theologiestudiums kennen wir uns – und sind einander bis heute in herzlicher Freundschaft verbunden.

Nun darf ich mit einem Geleitwort in sein wohl persönlichstes Buch einführen. Es ist voller Geschichten aus seiner Kindheit und Jugend. Erzählungen, in denen wir nur allzu oft eigene Erlebnisse wiederentdecken. So einmalig seine Geschichten auch sind,

GELEITWORT

sie sind transparent für die eigene Biografie. Das Besondere dabei ist, wie in den menschlich-allzumenschlichen Wegen am Ende immer wieder die Spur Gottes aufleuchtet: zart, leise, unaufdringlich und doch unübersehbar.

Leben und Glauben sind ineinander verwoben. Durch den Glauben fällt ein helles, klärendes Licht auch auf unser Leben, und wir beginnen, das Erinnerte in einem neuen Horizont zu deuten.

So wünsche ich den Leserinnen und Lesern, dass es ihnen ähnlich ergehen möge wie mir: Machen Sie dabei Erfahrungen mit der Erfahrung – und entdecken Sie Ihr Leben in einer gnädigen Perspektive.

Kirchenpräsident Christian Schad

Neue Bücher, neue Hefte, neues Schuljahr. Das ist immer aufregend gewesen. Nach den großen Ferien wurde alles wieder auf Anfang gestellt. Die Schulbücher wurden in abwaschbares schützendes Papier eingebunden, erst recht, wenn sie neu waren. Und es wurden neue Hefte gekauft. Das roch neu und war ein vielversprechendes Symbol für den Aufbruch in ein neues Schuljahr. Die Botschaft war klar: Alles geht nochmal von vorne los. Neue Klasse, neuer Lernstoff, neuer Stundenplan. Noch ist nichts falsch, nichts schiefgegangen, nichts vergeblich. Alles offen.

ALLES AUF ANFANG

Wenn man ein neues Heft anfängt zu führen, dann ist das doch fast, wie neugeboren werden. Alle guten Vorsätze, die man haben kann im Umgang mit so einem Heft, sie kommen alle triumphal zum Vorschein und werden für machbar erklärt. Es ist, als habe man tatsächlich noch einmal einen kompletten Versuch, sich zu erfinden, wie man schon immer gerne sein wollte: Ganz korrekt natürlich, schön konzentriert und fleißig, wunderbar exakt und sauber, keine Eselsohren, keine Fettflecke, nicht verschreiben und nie mehr so drauflos schmieren, wie im letzten Schuljahr am Schluss.

Und dann die ersten Zeilen Schönschrift ohne Makel. Große Momente absoluter Zufriedenheit und sehr vorübergehender Selbstüberschätzung. Spätestens nach drei bis vier Seiten nämlich hat der alte Schlendrian das Heft wieder in die Hand genommen. Wie immer. Sehr beruhigend. Und schon bald mache ich das, was ich am besten kann, die alten Fehler nämlich.

Weil wir eben doch nicht perfekt sind, sondern eher bemüht, immer dabei, es besser zu machen, ein bisschen wenigstens.

Neue Hefte, neue Bücher, mit wie vielen habe ich schon in der Schule des Lebens alles auf Anfang gestellt? Wie gut, dass uns Gott da immer wieder neue Versuche zutraut und niemals nur und für immer in die alten Hefte schreiben lässt.

Auf eine saubere Heftführung kommt es übrigens auch im Himmel noch an. Denn dort wird tatsächlich ein Klassenbuch geführt, in dem sorgsam vermerkt alle unsere Namen stehen, damit ja niemand vergessen wird. Das Buch des Lebens steht bei Gott im Regal.

Und ich kann mir nicht vorstellen, dass es ganz ohne Eselsohren und Flecken ist.

Im Dorf meiner Kindheit sind die Leute noch viel zu Fuß unterwegs gewesen. Man ist sich begegnet auf dem Weg zum Bäcker, zum Friedhof, zur Schule, zum Feld. Und wir Kinder hatten ganz viel Spaß auf der Gass. Als kleiner Junge wurde ich da oft unterwegs fragend angeschaut und vor allem ältere Menschen haben sich zu mir heruntergebeugt (was man wohl Zuneigung nennen könnte) und haben gesagt: „Wem gehörst denn du?" „Den Burgdörfers" habe ich dann brav geantwortet, worauf die Leute dann zufrieden genickt haben und meist mit einem „Ach so!" weiter ihrer Wege gegangen sind.

WIE SICH DAS GEHÖRT

Damals ist mir schnell klar geworden, dass es für das positive Image eines Dorfbewohners nicht ganz unwesentlich ist, klar sagen zu können, dass er jemandem gehört. Ja, es erschien mir geradezu eine unverzichtbare Voraussetzung dafür, unverdächtig und akzeptiert zu sein. Nicht auszudenken, wenn ich meine Aussage hätte verweigern müssen, oder gar hätte antworten müssen: „Ich gehör zu niemandem!"

Was war ich froh, dass ich den Burgdörfers „gehörte", obwohl das zwangsläufig damit verbunden gewesen ist, dass ich ihnen auch gehorchen musste. Das gehört sich eben so. Wem man gehört, dem gehorcht man auch gehörig.

Natürlich hat das nichts mit Leibeigenschaft und Gefängnis zu tun, wenn es gut läuft jedenfalls. Es ist eben mein Platz, an dem ich aufgehoben bin und der mich Menschen zuweist, die für mich da sind und für mich sorgen.

11

Mir ist im Laufe des Lebens immer klarer geworden, dass es ein Geschenk ist, wenn wir sagen können, wohin wir, wem wir gehören.

Ein Kind Gottes zu sein, das bedeutet eben auch, sagen zu können, dass ich nicht verloren bin auf der Welt und alleine meinen Weg gehen muss. Dass meine Zuflucht ein Zuhause hat.

Religio heißt Rückbindung, Anbindung. Eine Religion haben, heißt dann: Ich bin nicht haltlos, trostlos, heimatlos. Meine Seele ist nicht mutterseelenallein.

Paulus schreibt einmal seinen Korinthern, dass sie nicht vergessen sollen, dass sie sich nicht selbst gehören, sondern ihrem Gott.

So gehört sich das. Für alle Burgdörfers – und alle anderen ebenso.

Ich bin im letzten Jahrhundert auf die Welt gekommen. Ja, es ist sogar das letzte Jahrtausend gewesen. Egal. Passiert ist es an einem goldenen Herbsttag mitten in der Rübenernte. Abgespielt hat sich alles am Fuße des Donnersbergs, im Norden der Pfalz.

Ich hatte das überhaupt nicht geplant. Ich bin einfach so vom Himmel gefallen. Und war völlig überrascht. Ich landete auf einem Bauernhof, hatte schlagartig zwei große Geschwister, die meine Ankunft einigermaßen verblüfft aufgenommen haben.

ICH KANN NICHTS DAFÜR

Ich wuchs auf zwischen Kraut und Rüben, Kälbchen und Hühnern und war dick und rund. Und gesund. Und da meine Eltern schon immer das Beste für mich wollten, haben sie mich schon drei Wochen später ruck, zuck in ihrem Schlafzimmer taufen lassen.

Ich habe zuerst die Sprache meines Dorfes gelernt, später lernte ich das klassische Pfälzisch des Nordpfälzer Berglandes und erst ganz viel später lernte ich Deutsch.

Ich ging in die Schule und in die Kirche, ich lernte das Gesangbuch aufschlagen und mein Vater las uns jeden Tag was aus der Bibel vor.

Um all das zu erleben, bin ich auf die Welt gekommen und wurde nicht gefragt. In keiner Angelegenheit bin ich gefragt worden.

Ich hätte also genau so gut an einem frühen Frühlingsmorgen noch ein Jahrtausend früher geboren werden können, sagen wir in Karkemisch in Mesopotamien, wo der Euphrat vorbeifließt.

Ich wäre dort mit zehn mageren Geschwistern zwischen Kamelen und Ziegen aufgewachsen, hätte ein noch fürchterlicheres Kauderwelsch sprechen gelernt, und meine Eltern hätten mir von Allah erzählt und mir das Knien gen

Osten beigebracht. Und irgendwann hätte ich gewusst, wie man den Koran aufschlägt, wie man den Ramadan einhält und nach Mekka pilgert. Ich wäre ein Moslem geworden, weil man mir täglich ein Stück mehr davon nähergebracht hätte.

Ich bin also auf die Welt gekommen und es war alles einfach so gesetzt und bestimmt und konditioniert. Ich kann nichts dafür.

Ich hatte keine Wahl. Ich bin hineingeboren in meine Welt.

So bin ich auf die Welt gekommen. Und viele andere Leute auch. Eigentlich alle. Manche denken aber, es sei sozusagen ihr Verdienst, dass sie in einem Land aufgewachsen sind, das westlich, christlich und ordentlich ist. Dabei sind wir alle völlig unschuldig.

Gott ist Gott. Es gibt nur einen. Sonst wäre er nicht Gott, sondern eine Gottheit. Sonst wäre er nicht der Schöpfer, der Allmächtige, der, der die ganze Welt in seiner Hand hält – und nicht nur den Donnersberg und die kleine feine Pfalz drumherum, sondern auch Euphrat und Tigris und Stadt, Land, Fluss, Sonne, Mond und Sterne.

Er ist der erste und einzig wahre Global Player und wir seine Global Prayer. Und ich kann mir nicht vorstellen, dass der Eine und einzige Gott sich immer dann die Ohren zuhält, wenn ein Muslim anfängt zu beten.

Ich glaube aber auch, dass am Ende Jesus Christus das letzte Wort haben wird und alles richtet und regelt und zurechtbringt. Und da möchte ich nicht ausschließen, dass in seines Vaters Haus viele Wohnungen sind. Bei der Vergabe wird er großzügiger sein, als ich denke. Das hoffe ich jedenfalls. Sonst käme ich womöglich gar nicht hinein.

Als Kind habe ich eine große Aufmerksamkeit für Besonderheiten gehabt. Und bei meinem Großvater wurde ich da öfters fündig.

Er machte einfach ungewöhnliche Sachen. Wenn er abends im Winter die Klappläden am Küchenfenster geschlossen hat, dann sang er dazu die Strophe aus der Vogelhochzeit vom Uhuhu, der die Fensterläden zu macht. Wenn er mich auf seinen Schoß genommen hat, dann hatte er eine besondere Art meinen Daumen zu drücken und probierte aus, wie lange ich es aushielt. Seltsam. Und

MIT PFIFF

wenn mir die Suppe zu heiß war, hat er sie kurzerhand raus auf die Fensterbank gestellt. Und wenn wir das Pferd ausgespannt haben, hat er mich ohne ein Wort einfach draufgesetzt und ich durfte bis in den Stall darauf reiten. So war er. Er hat mir beigebracht, wie man den Stallgang kehrt und einen Besen wieder zurück an die Wand stellt.

Aber all das war noch gar nichts gegen seine Besonderheit, sich zu äußern, wenn wir unterwegs gewesen sind, zu Fuß oder noch besser mit dem Pferdewagen. Querfeldein durch die Gemarkung, um Wachstum, Reife, Flurbestand fachmännisch zu überprüfen.

Dabei hat er so gut wie nie etwas gesagt. Aber er war deswegen nicht stumm oder gar abgewandt. Im Gegenteil. Er war voll da. Und das merkte ich daran, dass er fortwährend gepfiffen hat. So vor sich hin. Ich hab immer „Großvater piffelt!" gesagt. Und er konnte das auf eine so feine Weise, dass es uns eine ganz

wunderbare Atmosphäre der Ruhe und Zufriedenheit geschenkt hat. Dem Pferd und mir.

Und ihm selber natürlich auch.

Er hat beim Anblick einer zu erwartenden Missernte genau darauf pfeifen können. Genauso wie auf die Aussicht
auf ein Rekordernteergebnis beim Korn. Ich kann mich
nicht erinnern, ob es bestimmte Lieder oder Melodien gewesen sind. Ich glaube, mein piffelnder Großvater war
eher ein Meister der freien Improvisation. Sein musikali-
sches Thema, das er rauf und runter vertont hat, das war
Heiterkeit und Freude.

In der Bibel pfeifen übrigens auch nur dann die Leute,
wenn sie sich sicher, lebenstüchtig und in Anbetung be-
finden.

Ich habe mir vorgenommen, in Zukunft mehr zu pfeifen.
Und dabei durch die Gemarkung meines Lebensalltags zu
streifen und beim Wachsen und Gedeihen zuzusehen.

Mein Leben soll mehr Pfiff bekommen und Großvaters an-
betender Heiterkeit alle Ehre machen.

Licht ist Leben. Kommt ein Kind auf die Welt, sagen die Leute, es habe das Licht der Welt erblickt. Ohne Licht tappen wir im Dunkeln. Darum heißt es auch vielsagend, jemandem sei ein Licht aufgegangen, wenn endlich der Durchblick gelingt.
In dem Dorf meiner Kindheit gab es früher nur ganz wenige Lampen. Straßenlaternen sind Mangelware gewesen. Gefühlt waren es auf meinem Weg von zu Hause bis zur Oma DREI!

LICHTBLICK

Und das ist schon aufgerundet. Denn sie waren eher funzelig als leuchtend. Drei Straßenlampen und dazwischen unheimlich viel dunkel.

„Sackedunkel" hieß das bei uns am Donnersberg.

Und wenn ich dann spät abends nochmal zur Oma geschickt wurde, um etwas vorbeizubringen, dann ist das immer eine Mutprobe für mich gewesen. Zum Glück hat mich kein Mensch gesehen, hoffe ich jedenfalls nachträglich, denn ich bin immer schier um mein Leben gerannt – bis zum Licht, dort habe ich dann Luft geschnappt, meine vorläufige Rettung als Sieg verbucht, um mich dann wiederum todesmutig in das nächste schwarze Loch zu stürzen. Am liebsten hätte ich dann bei der Oma übernachtet, um am nächsten Morgen im Hellen unbeschadet nach Hause zu gehen. Aber es half alles nichts.

Wenn die Tasche oder der Korb abgegeben war, musste der Rückweg angetreten werden. Und den habe ich dann in weltrekordverdächtigem Sprint bewältigt.

Zuhause angekommen, haben sie mich dann bewundert, wie schnell doch der Bub seine Aufgaben erledigt. Aber, dass er so ganz blass und außer Atem gewesen ist, das hat niemand in seiner ganzen Dramatik erfasst.

Und so ist es dabei geblieben bis heute. Wenn es sein muss, springe ich von Laterne zu Laterne, von Lichtblick zu Lichtblick.

Und ich muss sagen, je länger man im Dunkeln ist, umso mehr sieht man ja auch. Die Augen gewöhnen sich dran. Nur das Herz nicht.

Das sichtet lieber das Licht der Welt über dem dunklen Stall.

Im Dorf meiner Kindheit war der Briefträger ein Held. So beliebt und gern gesehen. Und ich glaube er wusste genau um seine Bedeutsamkeit. Denn so ist er in meiner Erinnerung auch durchs Dorf geschritten. Feierlich und bedacht darauf, langsam genug zu sein, um von Vielen gesehen zu werden. Wie ein König durch sein Reich, so ist er mit seiner alten Ledertasche durch die Gassen gekommen. Das war perfekte Performance. Das hat mich beeindruckt.

Deshalb genießen Briefträger bei mir ein hohes Ansehen. Ich respektiere sie fraglos, befürchte aber nur, dass es bald keine mehr geben wird. Dass sie überflüssig werden könnten. Denn was sie bis vor kurzem noch von einem Ort an einen anderen analog getragen haben, das surrt inzwischen unfassbar digital durch die Luft.

BRIEFFREUNDSCHAFT

Fast hätte ich schon angefangen, mich von dem edlen Stand des Briefträgers innerlich zu verabschieden, wenn da nicht der Paulus dazwischen gekommen wäre. Der bekannte Apostel. Der hat bekanntlich ganz viele Briefe geschrieben. Nach Rom, nach Korinth und überall dahin, wo die Leute per Fernwärme zum Glauben ermutigt werden sollten.

Und einmal schreibt er denen: „Ihr seid ein Brief Christi!"

Also Gottes Post an die Welt. Auf zwei Beinen. Allesamt Briefträger des lieben Gottes. Ehrenamtlich, versteht sich. Honoris causa!

Befördert zum Befördern.

Von wegen vom Aussterben bedroht. Die Briefträgerdichte war noch nie so groß. Jetzt bleibt nur die Frage, was wir austragen, ob Werbung, Rechnung oder Glückwunschkarte. Mit uns geht jedenfalls die Post ab, von Gott an alle, die was auf dem Briefkasten haben.

So hieß einmal ein alter Schlager von Cindy und Bert. „Immer wieder sonntags, kommt die Erinnerung …" Der Sonntag ist ein Memory-Tag, ein Erinnerungsglänzendgeeignet-Tag. Da kriegen die Eltern Heimweh nach den Kindern und die Kinder ziehen in Erwägung, sich zu melden. Verliebte lieben den Sonntag auch, Trauernde trauern besonders heftig, wer krank im Bett liegt, erleidet den Sonntag mit oder ohne Besuch gleichermaßen.

Er fühlt sich an wie kein anderer, er riecht und klingt anders. Er ist einfach einmalig. Trotzdem steht er auf der Liste der bedrohten Arten und Weisen unseres Lebens ganz weit oben. Er verliert zunehmend an Glanz und Würde, man tut ihm allerhand an,

IMMER WIEDER SONNTAGS …

entzaubert ihn mit Werktagsgetue, nimmt ihm sein konkurrenzloses Recht auf heilsame Unterbrechung der Normalität.

Auf dem Bauernhof meiner Kindheit war das noch unübersehbar anders. Das hat man schon am Samstag gemerkt, wenn im Dorf um drei Uhr Nachmittag vom Kirchturm aus der Sonntag eingeläutet worden ist. Diese Ansage machte unüberhörbar klar, dass jetzt der Countdown begann, um sich rechtzeitig in den Feiertagsmodus einzuüben.

Es war, als würde langsam aber sicher die Welt angehalten.

Es wurde Grünfutter für zwei Tage herangekarrt, Gass und Hof wurden gekehrt, das Hoftor geschlossen, die ganze Mannschaft am Abend durch die Badewanne gezogen. Samstag ist Badetag gewesen.

So unheimlich sauber saßen wir dann komplett vor dem Fernseher, wenn uns Peter Frankenfeld, Hans-Joachim Kulenkampff, Vico Torriani oder Rudi Carrell zur Show begrüßten. Das Fernsehballett und Heintje mussten verkraftet werden, und irgendwie war für alle etwas dabei.

Am Sonntagmorgen dann ging das Ritual mit uns in die Kirche, verkleidet in Sonntagskleider, die absolut werktagsuntauglich waren und die die Sauberkeit vom Samstagabend noch auf die Spitze trieben. Die Schuhe waren so unbequem, dass keiner Lust hatte, wegzulaufen. Wir durften uns nach dem unantastbaren Sonntagskodex zumindest bis zum Mittagessen nicht schmutzig machen. Schon gar nicht auf dem Weg zur Kirche, wo eine Art Vollversammlung stattfand zum Feststellen der allgemeinen Vollzähligkeit. War eine Familie zumindest von einem Abgeordneten vertreten, konnte man beruhigt davon ausgehen, dass der Rest brav zu Hause und nicht etwa nach Amerika ausgewandert war.

Der Gottesdienst lief immer gleich ab. Und genau darauf ist es auch angekommen. Der Pfarrherr hatte würdig und recht zu sein als institutionalisierte Bestätigung, dass wirklich alles ist und bleibt, wie es war vor aller Zeit.

Männer auf der Empore, Frauen unten, Presbyter neben oder hinter dem Altar, Kinder extra zwecks besserer Überwachung. Viele schliefen ein, weil es warm war und es endlich mal Ruhe gab. Wer die ganze Woche körperlich fleißig gearbeitet hat, am Samstagabend ein warmes Vollbad genommen, Heintje hat singen hören und jetzt auch noch im warmen Kirchenschiff Platz genommen hatte, der fiel mit Gottes Hilfe allzu bald in einen erquickenden Kirchenschlaf, der bekanntlich der Beste ist.

Bis auf die Jungs und Mädels, die sich ineinander verliebt hatten und nun in der Kirche wunderbar miteinander flirten konnten. Zwar schob man den ersten Kuss vorerst noch auf die lange Kirchenbank, aber die Namen und Herze wurden schon mal für die Ewigkeit in die Balken geritzt.

Auf dem Heimweg wurde getratscht und gelacht und bis man zu Hause war, wusste man so ziemlich alles über alle andern. Unterwegs konnte man schon durch fast jedes Küchenfenster den Sonntagsbraten riechen. Dazu gab es Rotkohl und Kartoffeln.

Der Mittag war irgendwie friedlich, wir kuckten Flipper oder die Augsburger Puppenkiste und bald kam auch schon der Besuch der Verwandtschaft zum Kaffeetrinken. Onkels und Tanten aus der Stadt. Und alle saßen im Wohnzimmer, das die Woche über so gut wie verschlossen blieb.

Und an jedem Sonntagabend wurde ich ein bisschen traurig, weil da etwas Einmaliges zu Ende ging. Und im Radio spielten sie:

„Alle Tage ist kein Sonntag, alle Tage gibt's kein Wein, aber du sollst alle Tage recht lieb zu mir sein."

Montags hat meine Mutter immer Schuhe geputzt. Und zwar die Sonntagsschuhe. Die wurden nach dem sonntäglichen Gebrauch feinsäuberlich gereinigt und frisch poliert. Dazu saß sie in der Küche auf einem kleinen Stühlchen, hatte eine blaue Schürze an und um sich herum alle Schuhe der Familie paarweise aufgestellt.

Es roch nach Schuhcreme und Leder. Ich hatte die Aufgabe, die frisch geputzten Schuhe dann in den Schuhschrank zurückzustellen. In manche wurden sogenannte

SCHUHE BINDEN

Spanner eingebaut, damit sie nicht die Fassung verlieren. Waren welche nass geworden, hat Mutter sie mit Zeitungspapier ausgestopft. Das hat die Feuchtigkeit aufgenommen.

Und am nächsten Sonntag waren sie wieder wie neu.

Ich habe die Sonntagsschuhe nie gemocht. Erstens haben sie gedrückt und zweitens waren sie wie Weglaufsperren, die zudem möglichst vor dem Kontakt mit Sand und Schlamm verschont werden sollten. Und das ist eine hohe Auflage für einen kleinen Lausbuben gewesen.

Die größte Herausforderung aber war, dass man sie binden musste. Und das habe ich lange nicht beherrscht. Je länger es aber gedauert hat, umso klarer ist mir geworden, dass die ernsthafte Teilnahme am wirklich wahren Leben solange kaum möglich sein wird, wie ein Mann sich seine Schuhe nicht selber binden kann.

Es ist ähnlich wie mit dem Fahrradfahren gewesen. Das war auch so eine Hürde. Und das Schwimmen natürlich. Aber beides konnte man noch eher vertagen als die Schnürsenkel-Akrobatik.

Bis heute meide ich Schuhe, die ich binden muss. Aber ich kanns! Ich habs voll drauf. Ich muss es nur nicht haben. Und wenn ich ehrlich bin, gehen meine frisch verschnürten Wanderschuhe meistens nach zwei gelaufenen Kilometern bereits auf. Aber das muss unter uns bleiben.

Wie dem auch sei, mit Schuhen an den Füßen, ob selbst gebunden oder nicht, wird man eigentlich erst zum Menschen. Sie sind mehr als ein Stück Garderobe. Sie sind die Eintrittskarte in den Lebenslauf. Würde und Selbstwertgefühl hat ganz viel mit den Schuhen zu tun.

Wer schon einmal nach längerem Krankenlager wieder aufgestanden ist und sich zum ersten Mal wieder seine Schuhe angezogen hat, der kennt dieses geradezu triumphale Gefühl der Rückkehr ins Leben.

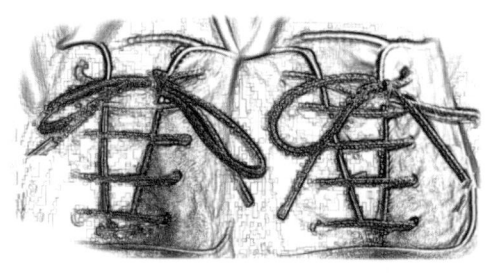

In der Bibel gibt es die schöne Schuhgeschichte von Petrus. Der sitzt wegen seines Glaubens im Gefängnis. Seine Leute beten ganz heftig für seine Befreiung. Und da kommt mitten in der Nacht ein Engel in die Zelle und holt ihn auf atemberaubende Weise dort ab.

Aber das geschieht in einer so faszinierenden Langsamkeit, dass man es noch heute beim Lesen kaum aushalten kann. Denn da wird nicht Hals über Kopf davongerannt, nichts wie weg, hinaus in die Freiheit. Nein. Der Engel bittet den Häftling, sich seine Schuhe anzuziehen und sie zu binden. Und dann erst schreiten sie in aller Würde hinaus, als Fußgänger des befreiten Lebens, das Gott laufend schenkt.

Ich bin mehrsprachig aufgewachsen. Die ersten Worte habe ich im Haus meiner Eltern und Geschwister gehört. Die Lautmalerei vom Donnersberg. Meine ersten Sprachwelten umfassten Haus und Hofkompetenz, Feld und Waldkategorien, Tier und Pflanzenkunde, Werkstatt und Maschinenbegriffe.

Und die Sprache der Lutherbibel natürlich, aus der Vater jeden Mittag nach dem Essen gelesen hat.

Das alles war schon in meinem Sprachlabor angelegt, ehe ich anfing in der Schule mich des Hochdeutschen zu bemächtigen. Viel später erst kamen Latein und Englisch dazu. Noch später Hebräisch und Griechisch.

FREMDES WORT

Meine erste ernsthafte Konfrontation mit fremder Sprache ist mir nachhaltig in Erinnerung. Es geschah am helllichten Tag, vor unserem Haus, auf der Straße, genauer gesagt auf dem freien Platz, wo wir Jungs oft Fußball spielten. Das Tor hatten wir auf die Mauer der Nachbarscheune mit Kreide gemalt.

Und genau da habe ich ihn getroffen. Den Jungen aus der Hauptstraße. Etwa zwei Jahre älter und schlaumeiermäßig unterwegs. Es hat irgendein Streitgespräch gegeben. Worum es dabei ging, ist mir völlig entfallen. Nicht aber der letzte Satz, mit dem er unseren Disput beendet hat. Er sagte nämlich zu mir: „Das hat Konsequenzen!"

Konsequenzen hatte ich noch nie zuvor gehabt, gehört. Es ist mein allererstes fremdes Fremdwort gewesen. Und es ist mir nachgegangen. Der Satz hatte etwas Bedrohliches. Ich deutete ihn als ziemlich ernstzunehmende Sache. Unheimlich, diese Konsequenzen.

Da ich nicht sicher sein konnte, ob es etwas ganz und gar Unanständiges bedeutet, habe ich auch den Mut nicht gehabt, jemanden zu fragen. Ich trug die Prophezeiung wie einen bösen Fluch mit mir herum und wartete täglich auf das Unglück, das mich treffen sollte. Konsequent!

Fremde Worte können Angst machen. Wenn sie nicht verdolmetscht und übersetzt werden. Darum ist unsere Sprache des Glaubens so wichtig, darf sie nicht mit fremden Worten daherkommen, um sich so davonzustehlen.

Das Schwere leicht sagen, das Komplizierte einfach, das Umfassende ganz konkret. Alltagstauglich. Das hat Konsequenzen!

Meine erste Schule stand mitten im Dorf und wurde Volksschule genannt. Es gab einen großen Raum, in dem alles kleine und junge Volk des Dorfes zusammen unterrichtet wurde. Bänke mit Klappstühlen, schräger Arbeitsplatte und Tintenfass.

Alle zusammen sind wir vielleicht fünfunddreißig gewesen. Es gab einen Lehrer. Der hieß Schäfer. Und er war auch einer. Nomen est omen. Wir seine Schafe, weiße und schwarze, mit allen Talenten, die dieser Gattung der Herdentiere entsprechen. Und in der Mitte stand ein großer Bollerofen. Ich weiß das noch ganz genau und auch, wie es geklungen hat, wenn man das Ofenloch auf und zugeklappt hat, um Holz nach-

STILL BESCHÄFTIGT

zulegen. Das ist nämlich mein Spezialauftrag gewesen. Und dem bin ich immer dann besonders beflissen und eifrig nachgekommen, wenn Gefahr im Verzug war, ich also nahe dran war, dranzukommen.

In meiner Klasse sind wir fünf Buben und zwei Mädchen gewesen. Sieben auf einen Streich. Vollkommen. Damit war unsere Klasse schon recht groß. Insgesamt gab es sieben Klassenstufen. Und die alle in einem Raum. Nicht zu fassen, oder?

Die Pause war dann zu Ende, wenn der Lehrer in die Hände klatschte. Die Stunden gingen so lange, wie es was zu tun und zu sagen gab.

Und natürlich konnte unser Lehrer immer nur mit einem Teil von uns direkt arbeiten. Die anderen wurden derweil beschäftigt. Sie machten Stillarbeit.

Das muss man sich so vorstellen, dass es also mehr oder weniger still ist und alle einer Beschäftigung nachgehen, die aufgrund des soeben gelernten Stoffes jetzt zur Anwendung kommt.

Hatten wir ein neues Wort gelernt, so mussten wir es jetzt suchen, schreiben, erinnern.
Hatten wir eine neue Rechenart gelernt, so galt es jetzt, Aufgaben danach zu lösen.
So saßen wir stundenlang in der Schule und beschäftigten uns selbst, während der Lehrer sich den anderen zuwandte, die gerade etwas Anderes zu lernen hatten. Gleichzeitig hatten alle Unterricht, waren alle Lernende – und doch zwischenzeitlich sehr unterschiedlich präsent, aktiv. Der eine Raum beherbergte gleichzeitig wache Aufmerksamkeit nach vorne und stille Konzentration nach innen. Und den Blick ins Ofenloch.
Könnte es sein, dass es auch so etwas wie Stillarbeit in der Schule des Glaubens gibt? Weil gerade schwere Aufgaben zu lösen sind? Weil neues Wissen bedacht und fremde Regeln eingeübt werden?
Da gilt es, neue Vokabeln für die noch fremde Sprache des Glaubens zu lernen und zu wiederholen, Brüche zu berechnen, Geschichten zu bedenken und Zusammenhänge zu begreifen, die bis auf Weiteres noch zu hoch hängen.
Womöglich ist es für das lernende Gottesvolk und seine Volksschule unabdingbar, dass es Unterbrechungen gibt, in denen das Aufgenommene still verarbeitet wird, damit es alltagsrelevant angewendet werden kann.
Dankbar und anerkennend sollten wir also zukünftig auf alle sehen, die scheinbar abgetaucht sind, die im kirchlichen Leben zurzeit glänzen durch vermeintliche Abwesenheit.
Offensichtlich sind sie beschäftigt mit Stillarbeit und damit in Wahrheit nicht etwa passiv, abwesend, sondern womöglich ganz schön fleißig dabei, ihr Glauben, Lieben und Hoffen durchzubuchstabieren. Und sie fangen vielleicht gerade an, mit Gott zu rechnen.

In meiner Kindheit auf dem Bauernhof fiel mir – bestimmt nicht zufällig – das Amt des Handlangers zu. In meiner Erinnerung bin ich tagtäglich gefühlte hundert Kilometer durchs Dorf und quer über den Hof geschickt worden, hinüber zum Stall, quer durch die Scheune, hoch auf den Heuboden, rüber in die Werkstatt, raus in die Milchkammer. Ob Garten oder Friedhof, Feld oder Wald, immerzu sollte ich mich bereithalten und beistehen. Was „stand by" bedeutet, das wusste ich schon, ehe es das überhaupt gab.

SPRINGENDER PUNKT

Manchmal träume ich heute noch von meiner tragenden Rolle und wache dann mit einem Schraubenschlüssel in der Hand auf, oder mit dem Metermaß, das ich Vater bringen sollte, hab für ihn Hammer und Nägel, halte das Ölkännchen bereit, hab einen Schubkarren vorm Bett stehen, einen Kälberstrick unterm Arm oder die Milchkannen rechts und links.

Ich habe immer noch das Gefühl, meine Taschen seien voller Schrauben und Muttern – und ich also jederzeit bereit, ein Handlanger zu sein.

Handlanger sein, das ist eine anspruchsvolle Spezialistentätigkeit.

So war ich also jahrelang als kleiner springender Punkt unterwegs und ahnte damals noch nicht, dass das einmal meine Lebensaufgabe ergeben sollte. Handlanger bin ich nämlich geblieben. Wie wir alle. Gott hat nämlich schon von langer Hand geplant, dass wir alle

seine Handlanger sein sollen. Von Anfang an hat er sich solche Leute gesucht, die als sein verlängerter Arm zupacken, auch mal eingreifen, Hand anlegen und vor allem, das richtige Werkzeug bereithalten.

Handlanger handeln ja immer im Team, sie sind Glied einer Kette, stehen im Zusammenhang eines Großen und Ganzen. Handlanger sind immer da, wo sie gerade gebraucht werden.

Neue Schuhe adeln den Menschen. Zumindest die ersten Tage machen sie uns bewusst Beine. Selbst wenn sie drücken sollten, sie sind wie ein Neuanfang.

An einem heißen Sommertag, mitten in der Erntezeit, habe ich neue Sandalen bekommen. Ein LKW kam in regelmäßigen Abständen in unser Dorf gefahren, hielt immer am selben Platz, es sprach sich schnell herum und die Leute liefen hin und schauten nach neuen Schuhen.

SANDALEN

Man musste also nicht in die Stadt fahren. Der Bring-Service war perfekt. Und teuer sind sie auch nicht gewesen. Und so bin ich also zu neuen Sandalen gekommen, behielt sie gleich an und war stolz wie Oskar.

Unmittelbar nach dieser unerwarteten Neuausstattung bekam ich den Auftrag, eine Tasche mit dem Proviant zu den Männern aufs Feld zu bringen. Das hatte ich schon oft gemacht. Und das war Ehrensache. Ich stieg aufs Rad, hängte die Tasche an den Lenker und fuhr los. Gleich hinterm Dorf kommt eine steile Kuppe. Die gibt es heute noch. Dort bekam man ordentlich Fahrt drauf und mit dem Schwung gings dann gegenüber leichter wieder in den Anstieg der Straße. Normalerweise ist das so. Immer gewesen. Diesmal nicht. Diesmal rutsche ich mit einem Fuß von den Pedalen und um nicht zu stürzen, schleifte ich mit beiden Füßen auf dem Asphalt hinunter, bis das Fahrrad zum Stehen kam. Das Essen war gerettet. Meine Zehen nicht. Die bluteten. Und die Sandalen waren hin. Wie ein ziemlich verbrauchter Radiergummi hatte ich sie wenige Stunden nach dem feierlichen Erwerb spektakulär ruiniert.

Weinend fuhr ich weiter, um das Essen abzuliefern, sagte natürlich dort kein Wort und drückte mich lange davor, heimzukommen. Ich spekulierte über das Strafmaß so lange, bis es in den Abend ging, schlich mich schließlich in die Küche, wo meine Mutter sorgenvoll zum Fenster raus sah.

„Da bist du ja endlich! Wo warst du nur so lange?" Da gab es kein Halten mehr. Ich klammerte mich an Mutters Schürze und ließ die Tränen fließen. Meine Füße brannten noch immer sehr und schließlich zeigte ich auf die ganze schöne Bescherung. „Das heilt wieder!", hörte ich sie sagen, und „Schuhe kann man ersetzen, wenn der Schuhmann wiederkommt!" Kein Vorwurf, kein böses Wort. Selten bin ich so erleichtert und froh gewesen, wie an dem Abend, als ich mit verschrammten Füßen ins Bett gegangen bin. Mit den Eintagssandalen haben sie Tage später morgens im Küchenherd Feuer gemacht.

Und ich habe Jahre später daran denken müssen, als ich das Gleichnis vom verlorenen Sohn las. Der nämlich, als er endlich wieder nach Hause kommt, kriegt zum Zeichen wieder erlangter Würde und Wertschätzung neue Sandalen. Mit schönen Grüßen an die geschundenen Füße. Neue Schuhe adeln den Menschen.

Meine Glaubenslaufbahn hat schon viele
Verluste zu verzeichnen.
Mindestens drei Krisen sind mir bewusst.
Sie haben zu tun mit dem Klapperstorch,
dem Osterhasen und dem Christkind. Und
zwar in genau dieser Reihenfolge.
Die Sache mit dem Klapperstorch, der angeblich
die kleinen Kinder bringt, war als erste abgehakt.
Und das ohne bleibende Schäden.
Völlig emotionslos habe ich dieses Mysterium als
entbehrlich enttarnt. Etwas schmerzhafter war es
schon mit dem Ver-

GLAUBST DU NOCH,
ODER WEISST DU SCHON?

lust des Osterhasen.
Der hatte immerhin
mit steter Zuverlässig-
keit immer was in die von mir
gebauten Nester bei Oma und Patenonkel und zu Hause
gelegt. So etwas gibt man nur ungern auf. Aber auch das
ist zu verschmerzen.
Ganz bitter dagegen ist die Sache mit dem Christkind. Ich
weiß noch ganz genau, wie ich als kleiner Junge an Hei-
ligabend in der Frühe zum Bäcker geschickt wurde. Da
traf ich unterwegs meinen gleichaltrigen Freund und ver-
gaß ganz den Einkaufszettel und wir erzählten einander
ganz wunderbare Sachen und in meiner grenzenlosen
Naivität gestand ich Kindskopf freimütig offen, wie ge-
spannt ich auf das Christkind doch sei.
„Was, du glaubst noch an das Christkind?", verspottete er
mich mit vernichtendem Blick. Von dem Tag an wusste
ich definitiv, dass, wer in dieser Welt ernsthaft was gelten
will, jedenfalls nicht mehr ans Christkind glauben darf.
Und damit sind wir bei dem Problem bzw. der Frage: Wer
ist das überhaupt, das Christkind? Ist es das Fabelwesen,
dem man Wunschzettel auf die Fensterbank legt, das

Plätzchen backt, wenn der Himmel rot ist, das die Wohn-
zimmertür verschließt, das Bäumchen schmückt, klingelt,
wenn's da gewesen ist und alsbald verschwindet, ehe
man's erblickt, abhaut, ehe das Fest beginnt?

Und am ersten Weihnachtsfeiertag dann werden doch die
Kinder gefragt, ob das Christkind denn brav war. Was ist
mit dem Christkind, das wie eine Engelsgestalt unfassbar
abwesend ist?

Wir haben das Verfallsdatum eines Glaubens ans Christkind genauso vorprogrammiert wie den Verlust von Klapperstorch und Osterhasen. Wenn ich's besser weiß, kann
es abtreten. Dann glaub ich nicht mehr, dann weiß ich
Bescheid.

Das Problem ist nur zu lösen, wenn wir anfangen uns
über das Christkind zu freuen, das Christus-Kind heißt,
geboren vor mehr als 2000 Jahren in Bethlehems Stall,
ziemlich heruntergekommen in Gottes Namen, in arm-
selige Verhältnisse, damit es möglichst viel mit uns
gemeinsam hat.

Je älter ich werde, umso mehr glaube ich an dieses Christkind noch.

Es ist ja eher katholisch. Ich weiß. Das muss aber nicht zwangsläufig ein Nachteil sein. Das Knien ist eine wertvolle Geste. Das habe ich schon bei meiner Konfirmation gespürt. Bei der Einsegnung wird nämlich auch bei den Evangelischen gekniet. Nur ganz kurz zwar, aber heftig.

Und später als Pfarrer bin ich jedes Mal schwer beeindruckt gewesen, wenn selbst die schlimmsten pubertierenden Flegel, die mich zwei Jahre lang im Konfirmandenunterricht fast zur Verzweiflung getrieben haben, im Gottesdienst bei der Einsegnung lammfromm niedergekniet sind und ich über ihre gut gegelten Häupter meine Hände segnend gehalten habe.

ZUM NIEDERKNIEN

Mir persönlich ist es bei der Ordination, bei Einführungen und der Übernahme von Ämtern immer wichtig gewesen, vor dem Altar zu knien. Oft musste ich geradezu darum betteln, weil es agendarisch selten vorgesehen ist, weil es eben im Verdacht steht, irgendwie aus Versehen katholisch zu sein, wenn man es zu oft macht jedenfalls.

Einmal wurde ich dann gefragt, woher das wohl kommt, das mit dem Bedürfnis zu knien. Und da musste ich lange in mich gehen, was bekanntlich ein weiter Weg sein kann und irgendwann hab ich es gefunden, das Urdatum meines Kniefalls.

Ich muss wohl etwa fünf oder sechs Jahre alt gewesen sein, da durfte ich zum ersten Mal bei einem Krippenspiel in unserer Dorfkirche mitwirken. Meine Geschwister waren da längst Profis.

Mein Bruder, ich erinnere es genau, ist der reiche Kornbauer gewesen, wobei ich heute nicht mehr plausibel nachweisen kann, wie der in die Weihnachtsgeschichte kommt … und meine Schwester hat das alles mit uns einstudiert, glaube ich. Wie dem auch sei, ich bin ein Hirte gewesen. Ein kleiner Hirte zwar, aber immerhin mit einer großen Aufgabe. Ich hatte nämlich an der Krippe zu stehen, was erst einmal gemeistert werden muss, mit Stock und Hut steht ihm gut.

Aber dann kam irgendwann zum großen Finale mein Einsatz. Ich durfte singen. Schön natürlich. Keine Katastrophe, sondern die zweite Strophe von dem Lied an der Krippe: „Da ich noch nicht geboren war, da bist du mir geboren ..." Kennen alle, oder?

Und während ich gesungen habe, hirtenjungenschön, da sollte ich in die Knie gehen, was meinen zitternden Knien auch nicht schwergefallen ist. Und da muss es passiert sein. Da hat sich alles entschieden, für den Rest meines Lebens bin ich in diesem heiligen Augenblick zum chronisch begabten Niederknieer geadelt worden. Und das ist nie mehr weggegangen.

Und die Bibel sagt, dass sogar im Himmel gekniet werden wird. Was ich auch für angemessen halte. Darum höre ich auch nicht auf, zu üben. Und wenn es noch so katholisch ist ...

Möchten Sie eigentlich gerne in den Himmel kommen? Nein, nicht gleich heute, ich meine überhaupt. Wer will in den Himmel kommen? „Lieber Gott, mach mich fromm, dass ich in den Himmel komm!" So heißt es doch in einem der häufigsten Abendgebete unserer Kindheit. Fromm sein und in den Himmel kommen. Wer will das wirklich?

Ich habe als Kind in unserem kleinen Dorf regelmäßig ein frommes Blättchen der inneren Mission ausgetragen. Das hat „Himmelwärts" geheißen. Mit zehn oder elf Jahren

HIMMELWÄRTS

habe ich dann aber die schmerzliche Erfahrung gemacht, dass diese tragende Rolle zu einem Imageproblem werden kann. Mit dem „Himmelwärts" unterm Arm durchs Dorf zu laufen, das hat meine Sympathiewerte nicht gerade erhöht.

„Was machst du, Ludwig? Was hast du da?" Das „Himmelwärts"!

Ich sehe heute noch die Blicke meiner Schulkameraden und wie sie mich so dastehen ließen. Mit meinem „Himmelwärts". Es hat mich eher der Lächerlichkeit unter meinesgleichen preisgegeben. Himmelwärts schien kein gutes Motto für einen, der erst einmal richtig in der Welt ankommen sollte.

Ich habe dann damit angefangen, mit dem Austragen erst nach Einbruch der Dunkelheit zu beginnen, was leider dazu geführt hat, dass ich mitunter die falschen Briefkästen bedient habe. Das war sozusagen der Beginn meiner missionarischen Tätigkeit.

Hat aber viel Ärger gebracht, weil sich die Leute beschwert haben.

Die einen, weil sie keins bekommen haben, und die anderen, weil sie es bekommen haben: Das „Himmelwärts"!

Dann bin ich zum Glück ausgewandert und ins Internat gekommen. Damit war dieses Ehrenamt nicht mehr meins. Ich gestehe, dass ich sehr erleichtert gewesen bin.

Und doch ist der Himmel das Höchste und das Beste, was unser christlicher Glaube als Ziel und Richtung markiert. „Vater unser im Himmel" beten wir. ER ist also schon dort. Jesus ist, so sagen wir im Glaubensbekenntnis, „aufgefahren in den Himmel". Und wir alle sind unterwegs dorthin. Der Himmel als Hafen und Fluchtpunkt und Endstation. Der Himmel als Ort endgültiger Geborgenheit und Heimat. Jenseits aller Angst und Sorge.

Aber wo ist die Anziehungskraft und der Charme des Himmels?

Christoph Schlingensief, der große Regisseur und beeindruckende Selbstdarsteller, hat in den Tagen seiner tödlichen Krankheit ein Buch geschrieben mit dem Titel: So schön wie hier kann es im Himmel gar nicht sein.

Lieber also schon den Himmel auf Erden haben, als in den Himmel müssen. Das scheint vielen attraktiv. Wir sind nicht die unbändigen Himmelsstürmer, die es nicht abwarten können, endlich von hier wegzukommen.

Und Gott weiß das offenbar sehr genau. Und er hat uns deshalb eine Brücke gebaut. Eine Himmelsbrücke sozusagen, um es uns ein bisschen leichter zu machen, damit wir Heimweh nach seinem Himmel kriegen. Er hat uns Jesus vom Himmel hoch heruntergeschickt auf den Boden unserer Tatsachen, hat sich mit uns verbunden und verbündet, indem er einfach alles miterlebt und miterlitten hat, was es gibt unter dem Himmel. Und dann hat er gesagt: Ich gehe schon mal vor und richte alles für euch. Er ist der Richter, der alles richtet und zurechtbringt.

Der zweite Wohnsitz ist sozusagen schon angemeldet. Wir werden erwartet. Wir kommen am Ende wie gerufen. Also doch „Himmelwärts"!

Bei Fahrten durch meine pfälzische Heimat sehe ich sie immer wieder. Die kleinen stillgelegten Häuschen mit der Rampe und der großen Tür. Die alten Milchhäuschen in den Dörfern. Sie sind Zeugen einer alten Zeit, in der es noch jede Menge Milchbauern im Haupt- und Nebenerwerb gegeben hat.

Und die haben seinerzeit jeden Morgen und jeden Abend ihre Milchkannen zu eben jenen Sammelstellen gebracht, um abzuliefern, was gemolken wurde. Dort wurde gewogen, Sauberkeit und Fettgehalt gemessen und in einer großen Wanne gekühlt, bis der Milchwagen kam und zum Abtransport in die Molkerei alles abgeholt hat.

MILCHHÄUSCHEN

In meiner Kindheit und Jugend war das Milchhäuschen einer der zentralen Treffpunkte im Dorf. Ich habe es genossen, mitkommen zu dürfen und zu beobachten, wie Alt und Jung sich vor allem am Abend nach getaner Arbeit zusammengesellten und ausgetauscht haben. Der Unterhaltungswert war enorm, die Neugierde auch, man scherzte und flirtete, es war eine vitale Kommunikationsplattform, nicht digital, sondern analog.

Treffpunkt, Austausch, Umschlagplatz. Auszeit, Unterbrechung, Plauderzeit. Natürlich wurde da auch allerhand Unsinn verbreitet, getratscht und spekuliert. Aber es hatte eine enorme Wirkung auf das Klima im Dorf, stärkte die Vertrautheit und den Gemeinschaftsgeist.

Es ist die Börse der Befindlichkeiten gewesen. Voneinander wissen, miteinander teilen, auseinandersetzen, Meinungsmache, Infotainment.

Nun sind sie alle verwaist. Stehen da wie stumme Zeugen alter Tage.

Manche sind längst umgebaut, andere zerfallen. Mich erinnern sie an eine wertvolle Kultur der Kommunikation.

Neben der Kirche als regelmäßigen Wiedersehensort haben sie unwiederbringlich ausgedient. Und die Kirchen könnten einem ähnlichen Schicksal anheimfallen. Man hat die Kirche lange im Dorf gelassen, aber eher als Denkmal und gute alte Zeit.

Sie sind schon jetzt eher museal als real genutzte Einflugschneisen des gemeinsam gelebten Glaubens. Viel zu wenig Empörung und Unruhe ist da bei den leeren Bänken. Viel mehr Leidenschaft brauchen wir, um sie wieder zu beleben, um Gottes und der Menschen willen.

Das haben wir am Karsamstag gemacht. Meine Geschwister und ich.

Die Osternester gebaut. Im Garten unterm Sauerkirschbaum. Und bei Oma und Patenonkel zusätzlich. Wir haben Moos gesucht und in Eimer oder Korb gesammelt und heimgetragen. Von einem Wiesenstück am Dorfrand und zurück.

Und dann schön in Reih und Glied, groß und geräumig, damit der Osterhase es sieht. Mit Holzwolle abgedeckt, damit die Gaben später schön geschützt sind, wie ein Schatz.

HASENREIN

Und dann am Ostermorgen gingen wir auf Beutezug. Es gab Hasen in Massen und Ostereier in allen Farben. Es ist ein schöner Brauch gewesen, mit einem gewissen Zauber auch.

Und außerordentlich bedauerlich war es, als uns der Glaube an den Osterhasen so ganz und gar verlustig ging. Die Bezugsquelle an Süßigkeiten konnte kein Sponsor aufwiegen. Das ist für immer verloren gewesen.

Ich freu mich schon, wenn ich im nächsten Jahr als Opa wieder welche bauen kann für unsere Enkel. Denn Nestwärme brauchen wir unbedingt.

Dass Gott uns neues Leben ins Nest legt, damit unser Leben nicht länger furchtbar, sondern endlich fruchtbar wird, neu, anders, hasenrein womöglich auch. Und dass über Nacht Ostern wird und auf der anderen Seite der Nachrichten vom Tod das Leben mit Jesus Christus wartet.

Dafür stehen doch diese schönen alten Bräuche. Und darum: Für das Fest ein Nest – auch weiterhin. Nicht für Beschmutzer, sondern für Benutzer, für Benutzer des Lebens. Weil Gott will, dass keiner aus seinem Nest fällt.

Auf einem Bauernhof in den Sechziger-jahren des letzten Jahrhunderts im Nordpfälzer Bergland wurde nicht so viel gelacht. „Das Leben ist ein Kampf!" Das hat man sich ins Poesiealbum ge-schrieben. Das war die Devise. Und auch Teil der ganzen Wahrheit. Ist man dann neben diesen erschwerenden Konditio-nen auch noch zusätzlich protestantisch

OMA LACHT

und pietistisch gewesen, kam es zu einem erschwerten Han-dicap, was das Lachen betraf. Und wenn wir dann einmal, sozusagen aus Versehen, doch herzhaft gelacht haben, war da ganz schnell eine ernste Stimme, die ich sagen hörte: „Wenn wir das nur mal nicht büßen müssen!"

Umso tiefer ist mir im Gedächtnis geblieben, wie es war, als wir einmal so viel gelacht haben, dass uns fast schlecht geworden ist davon. Und das kam so:

Wir sind nach dem Mittagessen alle zusammen zum Kar-toffellesen gefahren. Der Kartoffelacker war nicht weit außerhalb vom Dorf, aber immerhin doch so entfernt, dass wir alle zusammen auf dem Anhänger drauf geses-sen sind und mit dem Traktor zum Arbeitseinsatz gefah-ren wurden. Unterwegs nahm das Gefährt immer mehr Geschwindigkeit auf, und plötzlich fing der Anhänger hin-ten links an zu hüpfen. Das lag daran, dass das Rad dort einen gewaltigen Achter hatte und dermaßen schlängelte, dass dabei der ganze hintere Wagenteil immer wieder rhythmisch gleichbleibend vom Boden abhob und sich wieder senkte. Das ganze Spektakel hatte zur Folge, dass unsere Oma, die genau dort an die Bordwand angelehnt saß, wunderschön hochgeworfen wurde. Sie hüpfte ganz doll und das war so dermaßen komisch, dass wir alle nicht mehr an uns halten konnten.

Es war das Gelächter meines Lebens, so laut, so ungebremst, so unglaublich echt und es hörte erst auf, als die Fahrt langsamer wurde und wir auf einem holprigen Feldweg die letzten Meter bis zu den Kartoffeln fuhren.

Als Pfarrer habe ich in so mancher Sitzung und selbst bei manchen Gottesdiensten gedacht, es wäre jetzt ganz gut, alle mit meiner Oma auf den Anhänger zu laden und zum Kartoffelacker zu fahren.

Eine Generation Pfälzer ABC-Schützen hat mit Hans, Heiner und Elsa lesen und schreiben gelernt. Ich auch. Die Fibel wurde 1952 für die Pfalz verbindliches Schulbuch der Erstklässler und blieb es bis 1967. Der Inhalt spiegelt seine Zeit, bildet ab, wie das Leben in der Familie und der Gesellschaft geregelt ist.

Da gibt es die eine Schule für alle. Da gibt es die Küche als Zentrum des Familienlebens. Da fahren vor allem Leiterwagen und Pferdefuhrwerke durch die Straßen. Die ganze Familie samt Großeltern wohnt und arbeitet zusammen.

MEINE BUNTE WELT

Elsa ist fleißig und Heiner ein Spitzbub. Man verreist bestenfalls bis nach Bad Dürkheim zur Tante oder nach Neustadt an der Weinstraße. Der Bauernhof und Erntedank sind Leitkultur. Und das Leben ist vor allem Arbeit, schwer und doch gut.

In der Fibel 2. Teil mit dem Untertitel „In das neue Jahr" stehen Texte, die modellhaft wiedergeben, wie Rolle und Werte aufgestellt sind.

Ein paar Beispiele:

Meine Eltern
Ich hab ein liebes Mütterlein, das beste auf der Welt.
Es kocht für mich, es wäscht für mich
und gibt mich nicht für Geld.
Ich hab ein liebes Väterlein, es kennt nicht Rast noch Ruh!
Es schafft für mich, es sorgt für mich
und kauft mir Kleid und Schuh.
(Seite 17)

Was die Mutter tut
Sie steht früh auf. Sie kehrt die Stube. Sie zündet Feuer an. Sie kocht Kaffee. Sie weckt die Kinder, kleidet sie an

und schickt sie in die Schule. Sie badet das kleine Kind und gibt ihm zu essen. Sie trägt es auf dem Arm. Sie flickt Hosen, Röcke und Strümpfe. Sie bürstet die Kleider. Sie wäscht Kragen, Hemden und Taschentücher. Sie macht das Küchengeschirr sauber. Sie wichst die Schuhe, kocht zu Mittag, klopft den Teppich, gibt dem Kind Brot. Sie schafft den ganzen Tag. Sie wacht beim kranken Kind in der Nacht. Sie lehrt die Kinder beten und arbeiten.
(Seite 17)

Wenn Vater heimkommt
Kommt Väterchen nach Haus,
zieh ich ihm die Schuhe aus,
und der Bruder kommt gerannt,
die Pantoffeln in der Hand.
(Seite 19)

Gottes Haus
Der Sonntag ist schön. Vater arbeitet nicht, und ich habe keine Schule. Wir dürfen länger schlafen. Auf der Straße ist es nicht so laut wie sonst. Ich wasche mich sauber und ziehe meine schönen Kleider an.
Die Glocken läuten. Dann gehen wir in die Kirche. Ich setze mich still in eine Bank. In der Kirche ist es schön. Die Fenster haben buntes Glas. Die Orgel spielt. Die Leute singen und beten. Das freut den lieben Gott. Die Kirche ist ja Gottes Haus.
(Seite 4)

Das alles mag uns heute museal und überholt vorkommen. Rollenbilder, Alltagskultur, Kirche im Dorf. Aber auch die ABC-Schützen von heute fragen nach Vater-Mutter-Kind, Gotteshaus und Menschenhaus. Was antworten wir?

46

Ein Näschen haben für etwas – das ist ein Qualitätsmerkmal. Spürnasen sind pfiffig und neugierig und erfinderisch. Immer der Nase nach – das ist ein Motto für Pfadfinder des Lebens. Es ist ein Geschenk des Schöpfers, dass wir riechen können. Sehr sinnvoll!

In der Schöpfungsgeschichte der Bibel heißt es, dass Gott dem Menschen seinen Odem in die Nase bläst. Atem, Odem, Lebenshauch.

Gott riecht seine Menschen. Manchmal genießt er ihren Geruch und manchmal hat er die Nase voll. Amos zum Beispiel, den lässt er dann prophetisch näselnd ausrichten: „Ich kann Euch und Eure Opfergottesdienste nicht mehr riechen."

DUFTE!

Im Hohen Lied der Liebe wird der erotische Aspekt des einander gerne und gut Riechenkönnens lyrisch gepriesen. Im Buch Hiob wird die dramatisch scheiternde Beziehung zwischen dem geschundenen Hiob und seiner Frau auf die Spitze getrieben mit dem entsetzlichen Ausspruch: Ich kann Dich nicht mehr riechen!

Unser Leben lang setzen wir Duftmarken und werden von Gerüchen geleitet. Als der deutsche Astronaut Alexander Gerst nach einem halben Jahr im All wieder auf die Welt gekommen ist, da hat er gesagt: „Die Erde riecht großartig!"

Riechen heißt erinnern und sich einfinden. Wohlvertraute Gerüche geben uns Geborgenheit und machen, dass wir zu Hause sind. Jedes Haus riecht. Jede Familie hat ihren Stallgeruch. Auch jede Gemeinde, auch jede Kirche. Riechen heißt erinnern und wiedererkennen.

Wir haben Gerüche aus unserer Kindheit unauslöschlich abgespeichert. Bei mir ist das zum Beispiel der betörende Geruch meines Elternhauses, samstags um halb Vier. Da hat es nämlich bei uns nach Bohnerwachs und frisch gebackenem Streuselkuchen gerochen. Eine zauberhafte Mischung.

Manchmal träume ich sogar von diesem Geruch und spüre, wie er mir in der Nase steckt, dieses wohltuende Gefühl der Geborgenheit, das mich in meiner Kindheit beruhigt hat.

Die Erde riecht großartig. Gut, wenn wir ein Näschen dafür haben.

Der Schöpfer jedenfalls hat bis heute nicht aufgehört, uns den Odem des Lebens einzuhauchen. Alle Nase lang.

Fast dreitausend Gewitter gibt es jedes Jahr bei uns. Sagen die Meteorologen. Es blitzt und donnert in jedem Sommer. Jede Menge Donnerwetter!

DONNERWETTER

In meiner Kindheit auf dem Bauernhof habe ich Gewitter immer als sehr bedrohlich erlebt. Das mag damit zusammenhängen, dass Eltern und Großeltern schlimme Erfahrungen mit Blitzeinschlag und Feuer auf dem Hof gemacht hatten und immer wieder sehr anschaulich davon erzählten.

Deshalb galt Alarmstufe Rot, wenn sich ein Gewitter überm Dorf zusammenzog. Wenn es in der Nacht war, wurden wir Kinder alle geweckt, mussten uns komplett anziehen um, falls es nötig sein sollte, so schnell wie möglich das Haus zu verlassen. Eine Kerze wurde angezündet, falls der Strom ausfallen sollte, die Haustür stand offen, und wenn es immer lauter und heftiger wurde, kam es schon ab und an auch vor, dass Vater anfing, heftig zu beten.

Irgendwann hatte ich aufgeschnappt, man könne die Nähe des Gewitters daran erkennen, wie weit man zwischen Blitz und Donner zählen konnte. Seitdem war ich in der Familie ein Experte für das kilometergenaue Orten des Ungestüms. Kamen aber Blitz und Donnerschlag unmittelbar nacheinander, dann wussten alle, dass wir gerade inmitten des Epizentrums beisammen saßen.

Manchmal atmeten alle erleichtert auf, wenn es sich zu verziehen schien, erschraken aber umso mehr, wenn es wieder zurückkam. Und dann fielen die immer gleichen magischen Sätze, wie: Es kommt nicht über den Donnersberg! Es schafft es nicht über den Rhein! Was so viel hieß, wie: Es wird niemals mehr aufhören. Zumindest die nächste halbe Stunde nicht.

Später dann im Theologiestudium habe ich erfahren, dass ausgerechnet ein Gewitter die Geschichte von der Reformation sozusagen ins Rollen und Grollen gebracht hat. Als nämlich der junge Martin Luther Anfang Juli 1505 auf einem Feld in der Nähe des kleinen Dorfes Stotternheim spazieren gegangen ist, da ist er ebenfalls in ein heftiges Gewitter geraten, suchte Schutz unter einem Baum, in den prompt der Blitz einschlug und ihn regelrecht umgehauen hat. Und genau in dem Moment soll er das Gelübde seines Lebens abgelegt haben mit einem Stoßgebet zur heiligen Anna und dem Satz: „Ich will Mönch werden!" Und so trat Luther später in das strengste Kloster Erfurts bei den Augustinern ein.

Hätte ich die Geschichte schon früher gekannt, ich hätte womöglich als kleiner Junge schon gewitterkrank am Küchentisch bei Kerzenschein und Donnerschlag voreilig beschlossen, ein Mönch zu werden. Wegen dem Donnerwetter am Donnersberg.

Den Spaziergang am Sonntag. Gibt es den eigentlich noch? Den guten alten Sonntagsspaziergang? In meiner Kindheit war er ein unverzichtbares Ritual eines jeden Sonntages. Zwischen Mittagessen und Kaffeezeit wurden wir alle in Reih und Glied aufgestellt und dann gings ab zum Spaziergang. Zur Geschwindigkeitsbegrenzung hatte man uns extra in sehr saubere Sonntagskleider gepackt. Dabei waren die Schuhe das Schlimmste. Die konnte man mit Fug und Recht als komplett gelungene Weglaufsperren bezeichnen. Denn sie passten eben so schlecht und drückten dermaßen, dass wir

EILE MIT WEILE

– Schmerz lass nach – nur ganz vorsichtig vor uns hingeschlichen sind.

Das Tempo eines Sonntagsspaziergangs war im Grunde nicht wirklich messbar, weil, es lag nahe bei null, es war gerade mal so viel, dass wir nicht ganz stehen blieben, aber auch kaum vorwärts kamen. Eine ausgesprochen anspruchsvolle Bewegungsform, die zwar als spezielle Disziplin nie olympisch geworden ist, aber äußerst athletische Fähigkeiten voraussetzt.

Die Erwachsenen haben sich dabei angeregt unterhalten, mit gleichzeitiger Bestandsaufnahme von dem, was wuchs in Feld, Wald und Flur. Uns Kindern wurde ein ums andre Mal eine Rast in einem nahegelegenen Gasthaus mit Limonade und Salzstängelchen versprochen, was selten wirklich zustande kam, weil wir einfach zu langsam waren, um jemals irgendwo hinzukommen, wollten wir vor Einbruch der Dunkelheit wieder zu Hause sein, wo der Sonntagskuchen samt Bohnenkaffee auf uns wartete.

Ich habe lange Zeit befürchtet, diese originelle Form der menschlichen Fortbewegung sei längst ausgestorben. Immer habe ich nur Leute davonrennen und hetzen gesehen, so als seien sie auf der Flucht. Aber zu meiner großen Überraschung habe ich sie wiedergefunden. Die Sonntagnachmittagspazierflanierbewegung. Und zwar ist mir die Entdeckung der Langsamkeit gelungen, auf der Landesgartenschau in Landau. Da habe ich endlich wieder einmal Menschen gesehen, die verweilten und nicht nur eilten.

Ich bin ja so dankbar, dass es das tatsächlich noch gibt. Diese Gangart des Sonntagnachmittagspazierens im Gänsemarsch, entschleunigt und entspannt. Wir können es also noch, wir haben das Talent noch nicht verloren. Es gibt sie noch, diese ruhevolle Art und Weise, sich verweilend umzusehen.

Und der Sonntag ist und bleibt dafür der beste Trainingstag der ganzen Woche. Probieren Sie es doch mal wieder vorsichtig aus. Es wird Ihnen mehr gut als weh tun, zumal es diese unbequemen Sonntagsschuhe eh nicht mehr gibt. Sonntagstempomat mit stabiler Langsamkeit. Eile mit Weile. Und sagen Sie: „Grüß Gott!", wenn Sie ihn sehen …

„Hast du auch ein sauberes Taschentuch?" Die Frage hat meine Mutter fast jeden Morgen gestellt, wenn wir in die Schule gegangen sind. Ein sauberes Taschentuch, das gehörte zu der Grundausstattung für den Alltag. Was heute vielleicht die Visitenkarte ist, das war früher mal das Taschentuch.

In meiner Erinnerung so groß fast wie eine ganze Tischdecke, fein zusammengelegt, gebügelt natürlich und einfach unverzichtbar für einen guten Start in den Tag. Egal, ob man einen Schnupfen hatte, oder einfach nur die Nase voll, ein Taschentuch gehörte einfach in die Hosentasche. Sonst war man nicht angemessen angezogen, sondern ungezogen.

KNOTEN IM TASCHENTUCH

Ein Ausdruck von Anständigkeit und Würde, von der Taufe bis zur Beerdigung. Die Paten verschenkten sie gerne mit Stickerei und Namenszug. Und die Männer, die den Sarg zum Grabe trugen, die hatten auch immer weiße Taschentücher dabei. Und sie wurden ins Grab mitgegeben, nachdem der Sarg abgesenkt worden war.

Taschentücher waren vielseitig verwendbar: Man konnte mit ihnen beim Abschied winken und weinen. Man konnte sie sich an heißen Tagen bei der Feld- oder Gartenarbeit über dem Kopf zusammenbinden und bei Zahnschmerzen das Gesicht damit verpacken. Und – man konnte sich einen Knoten hinein machen.

Ein Knoten im Taschentuch, das war eine Gedächtnisstütze, ein Erinnerungsinstrument. „Ich mach mir einen Knoten ins Taschentuch!" hat man sich gesagt, wenn es galt, sich etwas unbedingt gut zu merken.

Und wenn ich es später aus der Tasche ziehe, dann denk ich dran, an mein Versprechen, an meinen Auftrag, an meine große Liebe.

Weil der Mensch halt so vergesslich ist. Man kann gar nicht so viele Knoten machen, wie man sie bräuchte, um das zu ändern.

Darum spielt die Bibel auch so gerne Memory mit den Leuten und sagt zu ihnen: Vergesst nicht! Vergesst doch bitte nicht den lieben Gott und was der schon alles an Gutem für euch getan hat!

Ein Knotenpunkt für gutes Gedächtnis. Alter Taschentrick mit und ohne Tempo.

„Davor zieh ich meinen Hut!" Das sagt man so, wenn man Respekt und Hochachtung empfindet vor einem Menschen und dessen Leistung. In Wirklichkeit aber ziehen wir heute keine Hüte mehr. Das ist fast ausgestorben.

Früher, also im letzten Jahrtausend meinetwegen, wenn ich da mit meinem Großvater durchs Dorf gegangen bin, dann sind wir kaum vorwärtsgekommen, weil er vor

HUT AB!

jedermann, der uns begegnet ist, seinen Hut oder seine Mütze gezogen hat. Nicht einfach so im Vorübergehen. Da ist er stehen geblieben natürlich, zumindest einen kleinen Moment, hat gegrüßt, zugenickt und nachgefragt, wie's geht und steht in Stall und Haus und Feld und Flur.

In meiner Erinnerung hat das immer gefühlte Ewigkeiten gedauert, bis wir dann endlich beim Bäcker oder auf der Post angekommen sind. So viele gezogene Hüte habe ich seitdem nie mehr gesehen. Mein Großvater und seine Altersgenossen haben sie alle mitgenommen in den Himmel. Dort hängen sie jetzt an der göttlichen Garderobe und kein Mensch fragt mehr danach.

Schade eigentlich um diese eindrucksvolle Art und Weise, sich so gegenseitige Wertschätzung und Aufmerksamkeit zu schenken. Denn nur wer sich geschätzt und geachtet fühlt, ist selbst auch behütet, kann auch viel leisten und womöglich allerhand unter einen Hut bringen.

Die Zeit der unsichtbar gezogenen Hüte kann anbrechen, wenn wir bedachtsamer durch die Straßen und Gassen gehen und wenn wir uns treffen „Grüß Gott!" sagen. Ziehen erst den Hut und dann heiter weiter.

Es gibt keine Sendepausen mehr. Weder im Radio noch im Fernsehen noch überhaupt im Leben. Wir sind immerzu auf Sendung, ununterbrochen aktiv, pausenlos am Netz. Online andauernd.

In meiner Kindheit, da fing das Fernsehprogramm tatsächlich erst am späten Nachmittag an, mit der Drehscheibe meinetwegen, oder was es auch war. Ich weiß es nicht genau, weil wir durften sowieso nicht kucken, weil das während der Arbeitszeit auf **PAUSENLOS** dem Bauernhof gewesen ist. „Nur Faulenzer sitzen vor dem Fernsehkasten!" sagte man uns damals. Und Faulenzen, das war verboten.

Auch in der Nacht war dann irgendwann Schluss, Sendeschluss. Das Testbild erschien und nur noch ein schrecklich piepsender Dauerton war zu hören. Und nichts mehr hat gerappelt in der Kiste. Heute haben wir unzählige Programme und Sender und es geht rund um die Uhr. Sendepause, das bedeutet heute technische Panne, eine schnell zu behebende Komplikation, für die man sich entschuldigen muss. „Wir bitten um etwas Geduld!" wird dann ganz schnell eingeblendet.

Sendepausen sind peinlich und müssen vermieden werden.

Und so sind wir denn auch sonst pausenlos, schalten nicht mehr aus und ab und zu wenigstens um. Heilsame Unterbrechungen können wir uns kaum leisten. Sie werden uns als Versagen und Schwäche ausgelegt. Abwesenheit können wir uns nicht zuschulden kommen lassen. Wären wir auch nur einen Moment nicht da, würden sie uns womöglich abschaffen und unsere Daten löschen.

Deshalb sind wir auf allen Kanälen immer präsent, dabei, mittendrin, machen, wenn es sein muss, sogar mehrere Programme gleichzeitig und gönnen niemandem einen Ladenschluss. Da wird es immer schwerer, zu glauben, dass wir am Ende doch endlich sind.

Es gibt keine Büttel mehr. Das waren früher die Amtsboten, die Gemeindediener. Männer, die durch das Dorf gelaufen sind, mit der Schelle unterm Arm, damit haben sie gebimmelt, sodass die Leute aus den Häusern angelaufen kamen und wir Kinder sind mit ihnen mitgesprungen durch das ganze Dorf. Und wenn dann genug Leute und genug Aufmerksamkeit da gewesen sind, die Einschaltquote also

BEKANNTMACHUNG!

gestimmt hat, dann hat er wieder die Schelle unter den Arm geklemmt und von einem Stück Papier wichtige Neuigkeiten ausgerufen. Zum Beispiel: Dass heute von zwei bis vier Uhr das Wasser abgestellt werden wird, dass morgen früh der Strom ausfällt, dass nächsten Dienstag der Einnehmer kommt. Das war die fahrende Amtsstube, das Finanzamt auf Rädern, das dann in der Schule oder in einem anderen öffentlichen Raum die Steuern und Abgaben bar auf die Hand von den Leuten abkassiert hat.

Gemeindediener, lange vor SMS und Mail und Twitter, das war die schnelle Nachricht auf zwei Beinen. Das Ausrufezeichen der Gemeinde.

Wo pflegen wir heute solch famose Formen der Kommunikation und Nachrichtenverbreitung? Auch in Zeiten von sozialen Netzwerken ist das ja wichtig. Die Mensch-zu-Mensch-Inspiration, so ganz leibhaftig analog.

Jesus, den stelle ich mir auch so ähnlich vor, wie ein Amtsbote Gottes. Der ist auch durch die Dörfer gezogen, seine Anhänger haben allerhand Gebimmel gemacht und die Leute sind zusammengelaufen, um zu erfahren, was es Neues gibt vom lieben Gott. Manchmal ist er auch auf einen Berg gegangen, oder in ein Boot gestiegen. Und dann hat er lauthals ausgerufen, was im Hier und Jetzt um Gottes und der Menschen Willen zu tun und zu erwarten ist.

Und damit das auch heute noch geschieht, darum sind Gemeindediener gesucht, die ordentlich bimmeln und himmeln.

Nach den ersten beiden Schulstunden war es so weit. Dann hat es geklingelt und es war fürs Erste geschafft. Erinnern Sie sich noch an die große Pause? So gegen halb zehn? Was für eine wunderbare Einrichtung! Ich bin mir sicher: Ohne die große Pause hätte ich die Schule niemals überlebt. Im Unterricht habe ich mir den Kopf zerbrochen, aber in den Pausen hat mir das Herz gebrannt. Da habe ich nicht nur gebüffelt, sondern gelernt. Das Coaching und die kollegiale Beratung waren da noch nicht erfunden, aber schon längst praktiziert. Wunderbar, mit einem Freund seine Runden zu drehen und sich wieder gegenseitig aufzubauen, nach der Pleite an der Tafel.

PAUSIEREN GEHT ÜBER STUDIEREN

Noch schöner und vor allem spannender waren dann die zarten Momente mit der ersten großen Liebe. Und dem dazugehörigen gehörigen Liebeskummer natürlich. Da krieg ich heute noch Herzklopfen, wenn ich bedenke, wie lebensgefährlich das alles gewesen ist. Und wie wunderbar zugleich.

Ja, ich glaube fast, die Pausen sind die wirklich wichtigen Übungseinheiten für das Leben gewesen. Am Anfang, da waren die Mädchen noch harmlos beim Gummitwist und kicherten, und wir Helden haben wie wild Fußball gespielt. Später dann haben wir zusammen – verbotenermaßen – irgendwo versteckt geflirtet und geraucht und

gerangelt. Halbstark und stolz – und doch mit schlechtem Gewissen. Aber immer waren die Pausen wie eine kurzfristige Befreiung, eine Amnestie für alle, die sich davor gefürchtet haben, heute noch dranzukommen.

Was wäre das Leben ohne große und kleine Pausen? Schade, dass es so selten klingelt, damit wir zusammen hinaus auf den Schulhof des Lebens gehen. Uns austauschen, trösten und verlieben. Mit mehr Pausieren würde weniger passieren an Stress und Frust und „Ich kann nicht mehr!"

Selbst Jesus hat seine Schüler regelmäßig auf den Hof, oder auf den Berg oder einfach weggeschickt. Hat gesagt: Jetzt ist mal genug. Ihr habt jetzt so viel gearbeitet. Ihr seid noch nicht einmal dazu gekommen zwischendurch einen Happen zu essen. Jetzt macht mal Pause und ruht euch aus.

So gegen halb zehn. Spätestens.

„Ich packe den Koffer und lege hinein …" Ein Denksport-spiel aus Kindertagen. Intelligenztest. Erinnern Sie sich noch dran? Sieben Sachen aufzählen, die die anderen vor einem schon in den Koffer gepackt hatten und dann noch was Originelles dazu: Das Gebiss oder die Bettflasche.

Ich habe viele Koffer-Erinnerungen. Zum Beispiel der „bil-lige Mann"! Das war mein frühester Koffer-Event im Elternhaus.

Ein äußerst umtriebiger Verkäufer to go. Kommt regelmä-ßig ins Dorf. Und geht, besser gesagt er stolpert, hastet von Tür zu Tür.

Und er hat einen Namen von uns Kindern bekommen. Er heißt bei uns: Der „billige Mann". Weils eben gar nicht teuer ist bei ihm.

REISEGEPÄCK

Drei Koffer. Zwei unter den Armen, einen in der linken Hand, mit der rechten machte er die Türen auf. Geräusch-voll in unsere Küche stürzend, mit völliger Selbstver-ständlichkeit und heiterem Gemüt auf dem Boden sitzend auf einem seiner Koffer. Urgewaltig quellen Unmengen an Kleidungsstücken heraus. Arbeitskleidung für die Landbe-völkerung, Kittelschürzen für die Frauen, blaue Leinenho-sen für die Männer, Socken, warme Unterwäsche, Nähbe-darf. Für uns Kinder Pullover für den Winter oder neue Hosenträger.

Nächste Koffererfahrung. Ich bin sechs Jahre alt, Vater le-bensbedrohlich erkrankt. Mutter packt einen Koffer fürs Krankenhaus. Er bleibt lange weg. Gefühlte Ewigkeit. Sechs lange Wochen. Kein Besuchsrecht für kleine Kinder. Sehnsucht und Fremdheit. Koffer und Schmerz, konditio-nierte Assoziation.

Dann: Mein erster Schulranzen. Ledergeruch bis heute in der Nase. Schiefertafel mit Schwämmchen und Lappen,

Griffel für erste
Schreibübun-
gen.
Mit 16 eine
blaue Leinen-
tasche für die
Busfahrten zum
Internat. Lässig
über der Schulter,
so, dass die Vorderseite
gut sichtbar ist: Olympische Spiele
München 1972. Mit Ringen natürlich.
Seitdem habe ich unzählige Koffer gepackt bis heute als
Wanderprediger und „billiger Mann" in der teuren
Mission.
Trotz Routine packt mich aber ein ganz besonderer Koffer
bei einer Ausstellung so dermaßen: Nach einer Idee von
dem Trauerbegleiter Fritz Roth gibt es eine Kofferausstel-
lung unter der Überschrift: „Koffer für die letzte Reise."
Worauf kommt es am Ende an. Was zählt wirklich? Ich
sehe viele Koffer voller Bilder, Bücher, CDs und allerlei
Symbolträchtigem. Das ist alles sehr persönlich, ja intim.
Ich komme zum letzten Ausstellungsobjekt: Ein leerer
Koffer. Da liegt ein Zettel drin, darauf steht: „Muss nichts
mitnehmen, werde erwartet!"
Am Ende also wenig Gepäck. Und ein mitreisender Gott.

Es war 1966. Ich zehn Jahre alt. Und in England die Fuß-
ballweltmeisterschaft. Wir haben keinen Fernseher. Aber
die Nachbarn. Und die haben einen Sohn, etwas älter
zwar als ich, aber ebenso ein Fußballfan. Ich darf kommen. Es gibt zwischendurch sogar Brote mit Hausmacher.
Und jede Menge Spannung. Wir kommen ins Finale.
Und ich nach Hause, stolz wie Oskar und will, dass sich
jemand mit mir freut. Aber kein Mensch zeigt auch nur
das geringste Interesse.
Stattdessen werden eher Vor-
würfe gemacht, wie es sein
kann, dass ich am helllichten
Tag bei den Nachbarsleuten

KEIN TOR!

untätig vorm Fernseher sitze. Wo es doch zu Hause so
viel zu tun gibt. Oh, wie hat das weh getan. Mit niemandem die Freude teilen, den Erfolg genießen, das ist auch
schon für einen Zehnjährigen sehr frustrierend.
Ich dachte: Schlimmer kann's nicht kommen. Aber da
hatte ich mich geirrt. Es kam noch schlimmer. Das End-
spiel. Wembley. Deutschland führt 1:0 durch meinen Lieb-
lingsspieler Helmut Haller. Aber dann das Tor, das keines
gewesen ist, bis heute nicht, das berühmte Wembley-Tor
und dann die Niederlage.

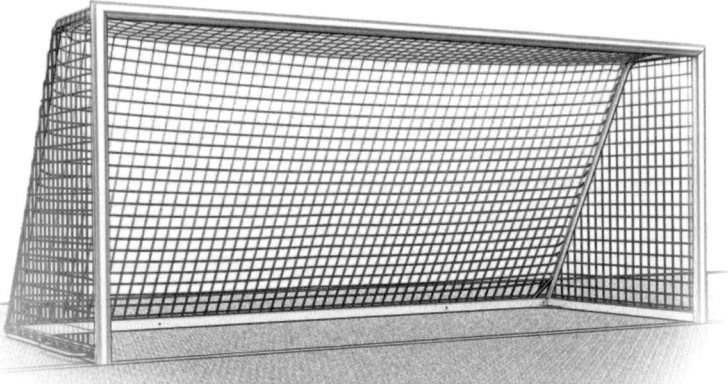

Nie werde ich die hängenden Köpfe der Mannschaft vergessen, wie sie von Uwe Seeler, dem Kapitän, angeführt, sich die Silbermedaille abholen bei der Queen.

Und dann nichts wie heim. Und jetzt jemanden suchen, mit dem ich trauern kann. Aber was bei der Freude schon nicht funktioniert hat, das geht jetzt ebenso schief.

Ich verdrücke mich ins Elternschlafzimmer, weil mich dort niemand vermutet und weine wie noch nie. Als ich mich wieder unter die Leute mische, kein Wort, keine Frage, keine Chance zum gemeinsamen Verschmerzen. Geteilte Freude, doppelte Freude? Geteiltes Leid, halbes Leid?

Seither weiß ich es zu schätzen, wenn ich Menschen finde, die Anteil nehmen und Anteil geben. Ich lasse mich beeindrucken von Menschen, die sich in Trauergruppen gegenseitig tragen und ertragen. Und ich bin begeistert, wenn ich auf Talente treffe, die es tatsächlich fertigbringen, sich mit und aneinander hingebungsvoll zu freuen. Weil etwas gelungen ist. Weil etwas einfach schön war. Nichts Wertvolleres können Menschen sich antun, als emphatisch, aufmerksam und mit Sympathie ausgestattet zu sein. Sym-pathie – das heißt nämlich „Mit-leiden können".

Kein Wunder, dass selbst die Bibel diese Tugend adelt, wenn sie sagt: „Freut euch mit den Fröhlichen und weint mit den Weinenden". Wir brauchen ein Gegenüber. Gegenüber diesem Schatz ist alles nur halb so viel wert. Und Weltmeister sind wir längst geworden. Freuen Sie sich mit mir?

Als kleiner Junge wurde ich von den Großen oft gefragt, was ich einmal werden will, wenn ich endlich so groß bin wie sie. Ich habe das damals fälschlicherweise für wertschätzendes Interesse an mir als Persönlichkeit gehalten. Und fühlte mich davon geschmeichelt und habe gerne über meine Zukunftspläne berichtet.

Zuerst wollte ich ein Metzger werden. Wenn nämlich bei uns auf dem Bauernhof geschlachtet wurde, dann haben sie das ein Fest genannt, ein Schlachtfest eben. Und das war immer ein außergewöhnliches Großereignis. Und es war einfach imposant, wie am frühen Morgen, wenn der Metzgermeister auf den Hof fuhr, alle bei Fuß bereit standen, um für den Rest des Tages ergebenste, fast willenlose Untertanen zu sein. Der Metzger übernahm das Regiment, konkurrenzlos bedeutsam und unwidersprochen. Er bestimmte, wann, wo, welche Handgriffe zu tun waren. Das war triumphal und erstrebenswert. Zunächst.

WERDEGANG

Bald darauf wollte ich nicht mehr Metzger werden. Ich hatte mich mit den Tieren so herzlich angefreundet, dass diese Absicht Verrat gewesen wäre und einfach nicht mehr in mein Weltbild gepasst hat.

Außerdem hatte ich längst einen neuen Favoriten. Den Tierarzt nämlich. Wenn der mit seinem VW-Bus auf den Hof rollte, mit seinen sauberen hohen Reiterstiefeln ausstieg und den fast weißen Kittel anzog, dann breitete sich auf dem Hof eine Atmosphäre des Respektes und der Dankbarkeit aus. „Handtuch, Wasser, Seife!" rief er dann immer. Und dafür war ich dann zuständig. Als Laufbursche eben.

In einer Waschschüssel brachte ich mit sicherem Knowhow die angeforderten Utensilien in den Stall zum Ritual

des Händewaschens. Und wenn der Besuch dann nicht nur teuer, sondern auch erfolgreich gewesen ist, dann ist der Doktor noch mehr gestiegen im Ansehen. Und das hat mir gefallen. Außerdem hatte er auch meistens sehr hübsche Assistentinnen dabei. Und wer hat das schon. Trotzdem, es war auch diese Perspektive nur von kurzer Dauer. Denn dann habe ich eines Samstagabends um 18 Uhr die Hitparade gesehen, im ZDF, mit Dieter Thomas Heck. Und da hat Peter Maffay gesungen: „DU! Du bist alles, was ich habe auf der Welt …"

Ein unfassbares Liebeslied, was mich in die Lebenskrise der Pubertät geschleudert hat, mit einer solchen Wucht, dass ich jetzt nur noch Peter Maffay werden wollte.

Aus alledem ist nichts geworden. Nachweislich nicht. Auch dem Wunsch meines Großvaters, doch bitte ein anständiger Förster zu werden, habe ich nicht entsprochen. Stattdessen bin ich ein Pfarrer geworden. Man mag es unvorhergesehen nennen. Es ist so gekommen. Und als solcher habe ich dann aber – nachträglich zumindest, den ganzen Schwindel von damals aufgedeckt. Ich habe nämlich jetzt sozusagen von Amts wegen und fast unaufhörlich in der Bibel gelesen und bin so zwangsläufig eines Tages auf das Kinderevangelium gestoßen. Und da stellt

Jesus wieder einmal die Welt der Gernegroßen auf den Kopf und sagt, was man bestenfalls werden kann, wenn man was Großartiges werden will. Man kann nämlich höchstens ein Kind werden, ein Gotteskind. „Wenn ihr nicht werdet wie die Kinder, so werdet ihr nicht ins Himmelreich kommen!" Weil, um da hineinzukommen, muss man klein genug sein.

Die Himmelstür ist nämlich extra so gebaut, dass nur Kinder durchpassen. Kinder, die sich ohne Anspruch auf Bedeutsamkeit und Größenwahn einfach gerne beschenken lassen mit der ganz großen Liebe Gottes, und deren Macht, die sich in Jesus offenbart und deshalb macht, dass man sich nicht für den großen Macher hält, sondern weiß, dass wir nach Gottes Willen gemachte Leute sind, wenn wir seine Kinder sein und bleiben wollen. So gesehen, ist die Frage, was ich einmal werden will, hochnäsig und gar nicht respektvoll gewesen. Sie hat nämlich mit der gemeinen Unterstellung gearbeitet, dass ich als Kind vorerst noch gar nichts bin und erst noch was werden muss, wenn ich endlich zu den vermeintlich Großen gehöre.

Denkste! Man kann nicht mehr werden als ein Kind Gottes. Und das hätte ich womöglich weder als Metzger, noch als Tierarzt und schon gar nicht als Peter Maffay herausgefunden.

Meine erste Erfahrung mit dem Sterben habe ich mit sieben Jahren gemacht. Großvater war ein Jahr zuvor einmal beim Arzt gewesen. Mein Vater hat ihn hingebracht mit unserem Unimog. Ein Auto gab's noch nicht. Der Arzt hat ihm gesagt, dass er krank ist und bald sterben muss. Daraufhin sind sie zusammen wieder heimgefahren und Großvater hat sich in aller Ruhe auf das Sterben vorbereitet.

Ich sehe ihn noch vor mir, wie er wenige Tage vor seinem Tod einen Rundgang gemacht hat durch Hof und Stall und Garten, um sich zu verabschieden, wie ich heute weiß.

SCHÖNE BEERDIGUNG

Dann bin ich eines Morgens aufgestanden und es wurde viel geweint und gesagt, dass er in der Nacht verstorben sei. Ganz undramatisch. Einfach so. Auf dem Weg zur Schule fingen die Glocken an zu läuten. Und das taten sie ganz alleine deswegen, weil mein Großvater gestorben war und das ganze Dorf es jetzt erfahren sollte. Das hat mich stolz gemacht. Unterwegs hat mich ein Mann angesprochen und gefragt, ob es stimmt, dass er es ist. Der Philipp Müller, der Fünfte. So hieß er nämlich mit vollem Adelstitel. Weil es außer ihm noch vier andere gab, die genauso hießen wie er. Sagenhaft. Aber wahr. Ich habe genickt und gespürt, dass dieser Tod die wichtigste Nachricht des Tages sein und bleiben würde und die ganze Dorfgemeinschaft schwer beeindruckt ist.

In den folgenden Tagen bis zur Beerdigung kamen ständig Leute, um das Beileid auszusprechen und den Toten noch einmal zu sehen. Der lag aufgebahrt in der Guten Stube.

Ein gleichaltriger Schulkamerad, ebenfalls ein alter Bauer, kam und brachte einen kleinen Erntestrauß von seinen Feldern und legte ihn in den Sarg. Das hat mich unglaublich erstaunt. Es ist eine unvergleichliche Stimmung gewesen, wie ich sie zuvor noch nie erlebt hatte. Irgendwie war die Welt angehalten, es war stiller, leiser, liebevoller und bezaubernd traurig.

Dann endlich ist der Tag der Beerdigung gekommen mit seinem ganzen unabänderlich eingespielten Ritual, über Generationen eingeübt und verinnerlicht. Der inzwischen geschlossene Sarg stand vor dem Haus, alle Leute kamen und standen in gebührendem Abstand rundherum, ein vernehmliches aber gezähmtes Gemurmel – und wir als Familie standen ganz nah hinter und neben dem Sarg, aufgestellt wie eine verschworene Gemeinschaft. Als endlich der Pfarrer kam, begann die Zeremonie feierlich zu werden. Er hat laut und festlich gesprochen, der Gesangverein hat noch lauter gesungen und die ganze Schule stand ebenfalls bereit mit unserem Lehrer, den ich wunderbar fand.

„So nimm denn meine Hände" wurde gesungen, wir zogen dann los durchs ganze Dorf hinauf zum Friedhof. Die Schulkinder vorneweg mit den Blumen und Kränzen. Der Größte trug das Holzkreuz, auf dem Großvaters Name, Geburtsdatum und Sterbetag standen. Dann kam der Pfarrer und der Lehrer, danach die Träger mit dem Sarg. Und dahinter wir, die Trauerfamilie, gefolgt von der ganzen Dorfgemeinschaft. Und wieder haben die Glocken geläutet, bis wir am Grab angekommen sind.

Das ist die erste Prozession meines Lebens gewesen, bei der ich anfing zu ahnen, dass Tod und Sterben ganz viel mit Würde und Achtsamkeit zu tun haben müssen. Selten habe ich Menschen um mich herum so sanft und bedachtsam dreinschauen und sprechen hören.

Nie zuvor habe ich mich mit meiner Aufmerksamkeit so verausgabt, alles total gebannt registriert, weil es so sagenhaft anders und geheimnisumwoben gewesen ist.

„Das ist eine schöne Beerdigung gewesen." Diese Formulierung habe ich damals zum ersten Mal gehört. Geweint habe ich erst viel später.

Nach dem Tod meines Großvaters wurde ich für eine Zeit lang bei meiner Oma einquartiert. Weil sie so traurig gewesen ist. Ich war auserkoren, ihr dabei zu helfen. Das hat man mir zugetraut. Und weil es besonders traurig ist, am Abend alleine schlafen zu gehen, hat man mich damit beauftragt, Oma sozusagen abends ins Bett zu bringen. Das habe ich gerne gemacht, war dabei ganz brav und still natürlich, aber auch sehr aufmerksam. Deshalb ist mir auch nicht entgangen, dass sie jeden Abend, wenn sie ihren Kopf aufs Kissen gelegt hat, ein Abendgebet sprach.

OMAS ABENDGEBET

Ich behaupte bis heute, dass es das kürzeste Abendgebet aller Zeiten ist und bleibt und bin deshalb auch ganz stolz, das herausgefunden zu haben. Aber es hat ziemlich lange gedauert. Denn zuerst war die Verwirrung groß.

Das Abendgebet meiner Oma bestand nämlich aus nur zwei Wörtern.

Sie klangen rätselhaft und zauberhaft zugleich und hießen: „Gott walt's!" Nun hatten wir allerhand zu Walzen auf dem Feld und in den Wiesen und darum wusste ich genau, was eine Walze ist. Nur wieso ausgerechnet der liebe Gott damit auch arbeiten sollte, das blieb mir ein Rätsel. Ich hörte es jeden Abend, sagte aber dazu kein Wort, weil ich damals schon ahnte, dass es etwas ganz Großes bedeuten muss.

Es ist nämlich, wie ich Jahre später erst herausgefunden habe, die Kurzform von Martin Luthers Morgen- und Abendsegen, der mit den Worten beginnt: „Das walte Gott …“.

Gott walt's! ist also nichts anderes als das kurze Übergabeprotokoll, mit dem meine Oma ihrem himmlischen Vater vermeldet hat, dass sie jetzt bis auf Weiteres ihre Zuständigkeit für alles abzugeben gedenkt, und dass er seinerseits das alles bitte übernehmen möchte.

Gott walt's! Das reicht. Mehr muss man nicht sagen, am Ende des Tages, am Ende des Lebens, am Ende der Welt. Das bedeutet Vertrauen und Hingabe, ohne Angst vor der Nacht.

Am zweiten Sonntag im Oktober ist
Kerwe in meinem Heimatdorf. Das ist
bis heute so. Kirchweih als Fest der
ganzen Dorfgemeinschaft, das hat
Tradition. In meiner Kindheit ist es
so ziemlich der einzige Höhepunkt
im Feierkalender des Jahres gewesen.
Wenn man von Weihnachten und
Ostern absieht. Und wir Kinder waren
schon lange vorher aufgeregt. Aber dann
kamen sie endlich, die Kerweleute mit ihrem
ganzen Vagabundenleben auf Rädern und haben
aufgebaut. Eine Schießbude, einen Süßwarenladen, eine
Schiffschaukel und ein Karussell.
Es wurde die Reitschule genannt, weil da auch Pferde
drauf waren.
Aber in meiner Erinnerung sind es vor allem die Autos gewesen von Feuerwehr und Po-
lizei, die mich beeindruckt
haben. Es gab so genanntes

STEUERBESCHEID

Kerwegeld von der Oma, vom
Patenonkel und von den El-
tern. Da sind locker mindestens drei bis acht DM zusammen gekommen. Ein Vermögen also. Und damit waren
wir dann in der Lage, ein ganzes Wochenende lang dabei
zu sein, zu beobachten, wie vor dem Gasthaus und neben
der Kirche eine damals noch nicht so benannte Fußgän-
gerzone entstand.
Alles war anders. Es gab Musik, Lichter, Umzug, Kerwe-
red und Kerwestrauß. Und die Quote der nüchternen Ein-
wohner sank gewaltig. Aber nur vorübergehend. Während
die älteren Jungs sich bereits im Abschießen von Plastik-
blumen gegenseitig überboten, zog ich es vor, die Autos
zu testen auf dem Karussell.

Viele Jahre später bin ich dann mit unseren Kindern wieder auf den Kerweplatz gegangen und habe vor allem die alten Fahrgeschäfte mit den noch immer aufgebauten Karussells gesucht und gefunden.

Und schließlich waren auch unsere Kinder zu groß für die gute alte Reitschule. Da habe ich mir einmal sogar zwei Kleine von Freunden „ausgeliehen", um mit ihnen als Alibi im Wagen im Kreis rumzufahren. Und erst da ist mir etwas aufgefallen. Die genialen Autobauer haben nämlich an jedem Platz ein eigenes Lenkrad angebracht. Vorne wie hinten, rechts wie links. Das ist ganz schön clever gemacht. Denn es vermittelt allen das wunderbar erhabene Gefühl, selbst am Steuer zu sitzen. Ganz allein das Heft in der Hand zu haben. Alle kurbeln sie rechtsrum und linksrum, so rum und so rum und dabei fährt das Ganze sowieso nur so rum.

Es müssen ganz gute Menschenkenner sein, die beim Bauen dieser Autos für das Karussell eine solche Erfindung gemacht haben. Denn auf dem Rummelplatz unseres Lebens ist es nicht viel anders. Wir möchten gerne lenken, am längeren Hebel sitzen, das Ruder herumreißen, die Richtung bestimmen. Selbstbestimmt möchten wir sein, alles andere als ferngesteuert.

Dabei sind wir doch vor allem nach Gottes gutem Plan unterwegs.

Er macht, dass und wie es rundgeht. Der Mensch denkt und Gott lenkt. Was für ein Steuerbescheid!

Sie stehen ja überall. Die Glockentürme und die Kirchen, die im Dorf bleiben sollen. Ich staune immer, wenn ich als Wanderprediger so durch die Lande fahre und sie sehe in allen Variationen, wie Zeigefinger, die zum Himmel hinweisen. „So viele Filialen hat nicht jede Firma!", sag ich mir dann als Kirchenmann.

Im Dorf meiner Kindheit hat das Glockengeläut jeden Wochentag bestimmt und den Sonntag ja sowieso. Das ganze Leben war getaktet, immer am Glockenklang entlang. Am Morgen auf dem Weg zur Schule, um elf Uhr für die Leute bei der Feldarbeit, damit sie wussten, dass bald Mittag ist und das Essen jetzt auf den Herd muss.

HEILIGER BIMBAM

Am Abend hat die Nachtglocke alle Lausbuben von der Straße nach Hause gefegt. Am Samstagnachmittag wurde der Sonntag eingeläutet. Am Sonntag begann der Ruf zum Gottesdienst eine Stunde vorher schon und schwoll dann an bis zum vollen Geläut.

Es hat den ganzen Lebenslauf entlang gebimmelt. Ist jemand gestorben, so wurde durch dreimaliges Zeichenläuten sozusagen die Nachricht in die Luft gepostet. Und dann haben die Leute sie zwar nicht geliked, aber doch vielfach geteilt im Dorf. Das Leben wurde sortiert rund um den Kirchturm, gestundet von dem Gott, der uns allen das Leben gibt und zu dem es wieder zurückkehrt.

„Meine Zeit steht in deinen Händen!" sagt die Bibel.

Die Generationen vor uns wären im Traum nicht darauf gekommen, sich über den Lärm der Glocken zu beschweren. Für sie ist es ein gemeinsames Symbol gewesen, das das Leben der Vielen zu einem gemeinsamen Rhythmus zusammenbringt.

Natürlich leben wir heute nicht mehr im Gleichschritt gemeinsam getakteter Zeitabläufe. Trotzdem rufen die

Glocken noch immer nach uns, egal was wir gerade tun. Und zum Vaterunser läutet es sogar für die, die zuhause geblieben sind, damit sie wissen, wann es soweit ist und mitbeten können. Wenn das kein heiliger Bimbam ist?

Alles ist im Wandel. Schon immer. Das macht unser Leben aus. Die Welt dreht sich ständig. Nichts steht einfach fest. Von Generation zu Generation sind und bleiben wir wandelmutig. Meine Generation überblickt das Phänomen von der Pferdekutsche bis zur Mondrakete.

Ich habe auf der Schiefertafel schreiben gelernt und sitze jetzt am Laptop.

Im Dorf meiner Kindheit hat es ein einziges Telefon gegeben. Das war schwarz und groß und hatte eine mächtige Wählscheibe. Es stand auf der Post. Dorthin mussten alle Leute gehen, wenn es unvermeidlich eines Telefonats bedurfte. Das kam nur im äußersten Notfall vor. Wenn man einen Doktor gebraucht

WELTENWANDEL

hat. Meistens, wenn es im Stall Probleme gab und der Tierarzt gerufen wurde. Oder wenn ein Amtsgespräch unumgänglich geworden war.

Dann hat sich unser Vater gewaschen und rasiert, hat ein frisches Hemd angezogen und sich auf den Weg gemacht. Und wir haben ihm hinterhergeschaut und gehofft, dass es gut geht und er gesund wieder heimkommt.

Dann kam das Telefonhäuschen irgendwann und wurde zum Treffpunkt der Dorfjugend. Die Verbindung zur Welt war hergestellt. Und nach und nach haben sich die einzelnen Haushalte ihre Anschlüsse legen lassen. Aber noch immer war es verpönt, irgendwelche Plaudereien am Telefon zu wagen. Man hat gefälligst kurz und sachlich Informationen ausgetauscht und aufgelegt.

Meine Oma allerdings hat den Hörer nie angefasst. Für sie war das unheimlich, unerklärlich, mysteriös. Wenn sie gewusst hätte, dass eines Tages in jeder Hosentasche ein Handy bimmelt, oder gar die Leute mit selbigem in der Hand durch die Straßen gehen ohne sich anzusehen, dass

sogar beim Autofahren oder Wandern gleichzeitig kommuniziert wird, sie wäre einfach in Ohnmacht gefallen.

Ich kann mich an Tischgespräche erinnern, bei denen mein Bruder mit frischen Ideen aus der Meisterschule kam und es plötzlich vorbei war mit dem Distelstechen und dem Kartoffelkäfer ablesen. Und wie die Maschinen größer und der Tierbestand aufgestockt wurde. Alles im Wandel. Und natürlich nicht ohne Streit und Konflikte. Wie auch? Wenn die Älteren mit ansehen mussten, wie ihre Lebensentwürfe vermeintlich rückwärts entwertet, zumindest aber relativiert wurden.

In meine wilde Zeit fielen da mindestens vier Baustellen. Es ist die Zeit der kurzen Röcke und der langen Haare gewesen. Letzteres war mein Problem kurz vor der Konfirmation. Mir wurde ultimativ mitgeteilt, dass die Haare vorher geschnitten werden müssen. Es ist ein richtiger Machtkampf gewesen, den ich natürlich nicht gewinnen konnte. Das tadellose Bild im Konfirmationsanzug vor dem Altar ist der peinliche Beweis.

Dann diese „Negermusik" mit der wir unsere Eltern zur Verzweiflung trieben. Ob Stones oder Beatles, das war egal bzw. gleich schlimm. Sie waren mit der Volksmusik aufgewachsen, hoch auf dem gelben Wagen, als noch alle Brünnlein fließend flossen.

Und dann kam die Pizza. Wir fingen an, essen zu gehen. „Könnt ihr euch nicht zu Hause satt essen?" fragte meine Mutter vorwurfsvoll.

Unvorstellbar für sie, die Hausmacher-Blutwurst dastehenzulassen und zum Italiener zu gehen. Das hat Streit gegeben.

Und schließlich die Kleidung. Das, was sie mir zum Anziehen hinlegten, konnte ich in der freien Wildbahn meiner Schule und meines Internats aus puren Imagegründen
nur bei der Anreise in der Dunkelheit riskieren. Also hatte
ich mein Taschengeld gespart und mir heimlich Jeans gekauft, die ich übers Wochenende, wenn ich heimgefahren
bin, neben das Bett stellte, um am Montagmorgen wieder
reinzusteigen.

Und das alles sind ja nur kleine Indizien gewesen für den
Wandel im Großen und Ganzen. Und trotzdem jede
Menge Zündstoff. Dabei habe ich jetzt über die politi-
schen und gesellschaftlichen Differenzen noch kein Wort
gesagt. Kurzum: Jede Generation muss aufs Neue auf die
Welt kommen und macht es damit den Vorläufern schwer.
Das ist so alt wie die Menschheit.

Und darum ist es auch kein Wunder, dass die Bibel gebie-
tet, Vater und Mutter zu ehren, später aber auch ergänzt,
dass die Eltern ihre Kinder bitte nicht zum Zorn reizen
sollen.

Und bei diesem gemischten Doppel bleibt es auch noch,
wenn wir zum Mars fliegen.

Sie hieß die Steckenoma. Weil sie am Stock gegangen ist. Aber im Kopf war sie fit und aktiv. Jeden Sonntagnachmittag kam sie zu uns.

Mit dem Stock. Sie wohnte in der Hauptstraße, wir in der Ortsstraße.

Ein paar Hundert Meter entfernt. Bei Kaffee und Kuchen wurde viel erzählt. Und meistens hat es nicht lange gedauert und ein Teil der Verwandtschaft kam von irgendwo her in den Hof gefahren, wohl wissend, dass bei uns der Kaffeetisch auch für sie immer mit gedeckt gewesen ist.

DIE STECKENOMA

Mich hat das Ritual immer sehr beeindruckt. Einmal, weil Leben dadurch in die Bude kam und Abwechslung, und zum anderen, weil sich meistens interessante Gespräche über Gott und die Welt ergaben und auch so manches Streitgespräch. Als stiller Teilhaber habe ich da immer die Ohren gespitzt und viel gelernt. Bedrückend dagegen fand ich immer, dass es regelmäßig auch zu dem Standardthema Krieg gekommen ist. Noch waren ja die Wunden nicht verheilt, ja sie sind es eigentlich auch nie so ganz. Fast alle männlichen Familienmitglieder sind früher oder später aktiv im Krieg gewesen. Mindestens sechs. Einer ist nicht wiedergekommen. Er galt als vermisst. Eine grausame Ungewissheit liegt in diesem Befund. Die anderen kamen mehr oder weniger verletzt, versehrt, verschrocken auf Lebenszeit zurück. Und das mitunter nach sehr langer Kriegsgefangenschaft erst. Die Steckenoma wartete im Grunde bis zu ihrem letzten Atemzug auf den vermissten Sohn. Und die anderen Onkels waren zum Teil schwer verwundet gewesen und blieben davon gezeichnet.

Vater und Mutter romantisierten den Krieg auch zum Teil, weil sie sich während der Kriegsgefangenschaft meines

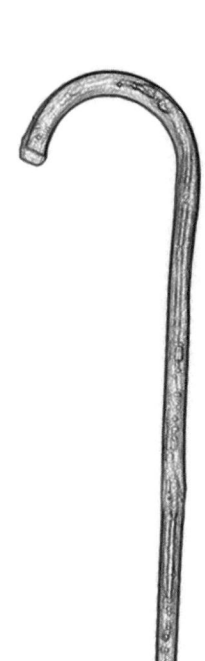

Vaters verlobt hatten und das mit Sicherheit ein Highlight ihrer Biografie geblieben ist. Mutter hatte mit einer Freundin die mutigste und fast einzige Reise ihres Lebens zu ihm gemacht. Das ist eine Mutprobe der besonderen Art gewesen. Das steht im Logbuch für die Ewigkeit. So habe ich es jedenfalls in den unzähligen Beschreibungen verinnerlicht. Im Grunde wurde auch im Laufe der Jahre immer weniger von den Grausamkeiten gesprochen, wenn überhaupt. Stattdessen kam so eine Art touristische Qualität der Kriegszeit zum Vorschein, weil der Krieg sozusagen die einzige Reiseerfahrung in fremde Länder gewesen ist.

Mein Vater hat zwar nie in seinem Leben einen Urlaub gemacht, aber er ist im Krieg in Paris beim Zahnarzt gewesen, und das erzählte er ungefragt immer wieder aufs Neue. Trotzdem habe ich immer gespürt, wie viel Traumata unausgesprochen in den Männern brodelte. Und bei den Frauen waren die Jahre zu Hause, allein auf dem Feld und auf dem Hof ebenfalls dramatische Überforderung oft.

Später in der Seelsorge habe ich viele Männer im Sterben begleitet, die bis zum Ende nicht hatten über die Bilder und Erlebnisse an der Front oder in der Gefangenschaft sprechen können. Und ich habe eine Ahnung von dem bodenlosen Entsetzen bekommen, das die grausamen Erlebnisse in die Körper und Seelen der Menschen eingebrannt hatte.

In den ersten Jahren meiner Gemeindearbeit als junger Pfarrer sind die Gedenkfeiern am Volkstrauertag die schwerste Herausforderung des Jahres für mich gewesen. Weil da kriegsversehrte Männer um das Denkmal herumstanden, mit der für immer verlorenen Leichtigkeit des Seins im Gesicht.

„Selig sind die Frieden stiften, denn sie werden Gottes Kinder heißen." Die Bergpredigt habe ich nie nur fromm, sondern immer auch politisch verstanden. Und meine Steckenoma auch.

Mit dem Lesen habe ich sehr spät angefangen. Zweckfrei und interessengeleitet gab es kaum Bücher in meinem Leben bis weit nach der Konfirmation. Das änderte sich schlagartig mit dem ersten Taschenbuch, das ich verschlang wie im Rausch, obwohl es alles andere als unterhaltsam gewesen ist. Der Rowohlt Verlag hatte 1972 den Bericht des Club of Rome veröffentlicht. Dieser sogenannte Meadows-Bericht ist eine knallharte Studie zur Zukunft der Welt gewesen. Der Titel: Die Grenzen des Wachstums.

Dieses Buch machte mir einen solchen Druck, stürzte mich in eine vorher nicht gekannte Weltuntergangsstimmung,

BUCHDRUCK

weil es anhand von Zahlen und Fakten belegte, dass wir mit der herrschenden Weltwirtschaft und ihren Risiken und Nebenwirkungen direkt auf den Abgrund zusteuern. Auf dem Cover war eine zerquetsche Weltkugel zu sehen. Das sagte alles. Alle erst viel später von der Umwelt und Friedensbewegung thematisierten Bereiche waren da schon im Blick.

Globales Denken lag da schon als einzig verantwortbares Format vor. Bevölkerungswachstum, die Schere zwischen Arm und Reich, die zerstörerische Eigendynamik von Hunger, Elend und Gewalt, die fatale Ausbeutung der Rohstoffreserven und die damit verbundene Zerstörung des Lebensraumes – alles wurde differenziert aufbereitet.

Dieses Buch markierte das Ende meiner Naivität und Unbekümmertheit.

Aller Optimismus war schlagartig mit Verfallsdatum gekennzeichnet. Dieses Buch brachte mir die Krise in mein Denken und Glauben und Hoffen.

Die Schlussfolgerungen dieses Buches waren dermaßen endzeitlich und abgründig, sodass völlig evident und logisch gefolgert werden musste, dass wir bei einem unveränderten Lebensstil an die Grenzen des Wachstums geraten und untergehen.

Das Buch wurde in 30 Sprachen übersetzt und millionenfach verkauft. Und obwohl es Entsetzen und Erschrecken ausgelöst haben mag, es ist eine Wegbeschreibung geblieben und hat zunächst keine Auswirkungen auf konkretes Handeln gehabt.

Ich habe lange gebraucht, bis meine Weltuntergangsstimmung und mein Gottvertrauen wieder zueinandergefunden haben. Solange nämlich, bis mir klar geworden ist, dass wir einerseits zwar alles Menschenmögliche für diese Welt tun müssen, weil wir keine zweite im Kofferraum haben. Aber, dass es andererseits auch eine Form von gelebter Gottlosigkeit wäre, davon auszugehen, dass wir tatsächlich alleine zuständig sind. Und so wurde ich zum Anhänger des Dreiklangs der Hoffnung, der da lautet: Gerechtigkeit, Frieden und Bewahrung der Schöpfung.

Es gibt Anfängersituationen, die vergisst man nie. Ich habe da ein ganz bestimmtes Schlüsselerlebnis. Es war an meinem 18. Geburtstag. Ich hatte schon Monate vorher in einem Ferienkurs den Führerschein gemacht, ihn aber noch nicht erhalten. Das war eben erst mit 18 möglich. Also sind wir, mein Vater und ich, an diesem ganz besonderen Tag zur Kreisverwaltung gefahren, um ihn abzuholen. Das ist eine reine Formsache gewesen und ging ruckzuck. Ausweis vorlegen, Stempel, Unterschrift, Bestätigung und fertig. Keine fünf Minuten. Und dann raus aus der Amtsstube und hinein ins Leben.

Mit Führerschein wirst du ja erst ein Mensch. Jedenfalls ist es mir so vorgekommen. In

SCHLÜSSELERLEBNIS

dem langen Flur dann, auf dem Weg zum Auto, greift mein Vater in seine Hosentasche und gibt mir wortlos den Autoschlüssel. Ich war geschockt und stolz zugleich. Auf den letzten Metern zum Auto dann bekam ich doch weiche Knie. Wir hatten nämlich ganz steil am Hang geparkt, und das Anfahren am Berg ist, mit Verlaub, in der Fahrschule nicht gerade meine stärkste Disziplin gewesen.

Hinzu kam außerdem, dass unsere Familie seit ein paar Wochen erstmals ein ganz neues Auto hatte. Das roch noch wie am ersten Tag. Und es hatte vor allem noch keinen einzigen Kratzer. Und dann sind wir eingestiegen. Immer noch kein Wort von Vater, kein letzter Wille, keine Ermahnung. Zündschlüssel rein, gestartet, Kupplung getreten und Bremse natürlich, rückwärts rausgerollt, Handbremse angezogen, erster Gang, Gas geben, anfahren wollen …

86

Und schon war der Motor abgewürgt.

Aber ich habe alles souverän im Griff, starte neu, fahre los wie ein Alter und ab nach Hause bis in den Hof. Unter den staunenden Augen der ganzen Familie steige ich aus, mit meiner ganzen Routine als Berufschaffeur. Der Ohnmacht verdammt nahe.

Das habe ich meinem Vater nie mehr vergessen. Und es hat so manche Situation gegeben, in der ich im Umgang mit meinen eigenen Kindern genau daran hab' denken müssen. Weil es um Vertrauen geht, wenn wir etwas neu anfangen. Wachsen und groß werden, das geht nur, wenn es Leute gibt, die uns liebevoll mehr zutrauen, als wir uns selbst, die uns als Risiko nicht einschränken, sondern herausfordern. Solche Schlüsselerlebnisse sind göttlich. Da kommen wir erst richtig auf die Welt.

Übrigens ist das Anfahren am Berg bis heute meine Spezialität.

Gibt's eigentlich die Bundesjugendspiele noch? Mit allen denkbaren Disziplinen hintereinander? Alle auf dem Sportplatz, die ganze Meute? Und dann von Station zu Station in brütender Hitze mit Stoppuhr und Metermaß? Mir wird heute noch übel, wenn ich daran denke. Natürlich war das immer der Tag der Sportskanonen. Die kamen da jedes Mal ganz groß raus und haben sich schon auf dem Siegertreppchen bei Olympia gesehen. Hundert Meter, Tausend Meter, Weitsprung. Ich seh das alles noch genau vor mir. Für einen durchschnittlich begabten, aber sehr bemühten Athleten wie mich, waren das immer die schlimmsten Schultage im Jahr.

DER GROSSE WURF

Am meisten habe ich mich immer beim Weitwurf blamiert. Im Werfen war ich nie gut. Und das kam dann in gnadenloser Regelmäßigkeit raus. Egal, ob mit Ball oder Kugel, es waren immer sehr bescheidene Weiten. Eine Urkunde habe ich nie bekommen. Nur Bauschmerzen regelmäßig. Und Wut! Nach innen, weil ich mir mein schlechtes Werfen auch noch selber vorgeworfen habe.

Und so habe ich das dann später oft gemacht. Nicht nur im Hinblick auf meine sportlichen Handicaps. Auch andere Ungeschicke habe ich mir oft vorgeworfen. Denn im Laufe des Lebens kommen ja noch jede Menge andere Disziplinen dazu. Bis mir klar wurde: Im Vorwurf bin ich allemal besser als im Weitwurf!

Dann habe ich endlich angefangen, mich um eine bessere Fitness für die Seele zu kümmern. Mit Hilfe eines sportlich eindeutigen Trainingsauftrags, den die Bibel mir gibt, wenn sie sagt: „Wirf dein Anliegen auf Gott, der wird dich versorgen!"

Eine ganz neue Sportart habe ich da entdeckt. Umwerfend fast. Weil sie mir das Recht gibt, mich mit meinen Schwächen kraftvoll zu versöhnen, meine Stärken und Schwächen gleichermaßen zu respektieren. Weil ich eben unterschiedlich begabt bin. Unvollkommen zwar, aber mit Profil. Weil Gott es so will. Das ist der große Wurf, finde ich. Wenn wir anfangen aufzuhören, uns selber zu bestrafen, nur weil wir bei den Bundesjugendspielen bis ins Alter zu selten punkten.

Denn: Wichtiger als auf dem Treppchen ist es doch, um Gottes Willen, zu sich selber zu stehen!

Können Sie sich noch an die Tanzschulzeit erinnern? Das war aufregend und aussichtslos gleichzeitig. Zumindest bei mir. Im Rückblick würde ich es als ziemlich lustlose Zwangsbelustigung bezeichnen, mit entmündigender Schrittfolge, sich dabei taktlos auf die Füße tretend, mit einer Umarmung ohne Nähe. Ich hatte damals wirklich Fluchtgedanken.

Im Grunde sind wir Jungs damals noch viel zu klein gewesen für diese Mädels und deshalb viel zu gefährdet auf diesem glatten Parkett. Meine Tanzpartnerin war einen Kopf größer und hat mit mir getanzt ohne eine einzige Kontaktschleife. Kaum eine Mutprobe hat mich seither so dermaßen ins Schwitzen gebracht.

TANZSCHULE FÜRS LEBEN

Natürlich auch wegen meiner einigermaßen ausgeprägten Talentfreiheit. Das kam noch erschwerend hinzu.

Trotz guter Erfahrungen zwischendurch, zu meiner Leidenschaft ist das Tanzen nie geworden. Einigermaßen erstaunt war ich allerdings über die Tanzfreudigkeit der Menschen in Afrika. Das ist einfach unverzichtbarer Teil der Kommunikation dort. Es wird getanzt bei jeder Gelegenheit, sogar im Gottesdienst. Die Schwestern und Brüder in Ghana haben mir das eindrucksvoll gezeigt. Sie wollen nämlich ihren Glauben nicht nur bedenken und besingen, sondern vor allem tanzen. Das war mir neu. Ich kannte bisher den Glauben vor allem als ziemlich anstrengende Denkaufgabe und bestenfalls ab und an als feierliches Gänsehauterlebnis. Aber in Ghana, da explodiert der Glaube förmlich, bis zum ekstatischen Tanz, da jubelt der ganze Körper vor seinem Gott. Ja sogar, wenn die Spenden und Kollekten im Gottesdienst eingesammelt werden, geht das im Tanz. Da werden zum Beispiel alle am Montag geborenen Leute aufgerufen, und die ziehen dann tanzend durch die Kirche bis ganz nach vorne zu einem eigens aufgestellten großen Behältnis, und dort legen alle nacheinander ihr Opfer ein. Und dann kommen die dienstags Geborenen. Und so habe ich zum ersten Mal in der Kirche getanzt. Und ich muss sagen, es hat mir gut gefallen. Wegen der Lebensfreude.

Und so allmählich reift in mir die Gewissheit, dass es wohl mit an Sicherheit grenzender Wahrscheinlichkeit zu erwarten ist, dass auch im Himmel getanzt wird, womöglich sogar mehr getanzt als debattiert. Ich muss also damit rechnen, dass meine Tanzschulzeit nie wirklich ganz zu Ende geht. Darf ich bitten?

Für meine Eltern ist alles, was mit meiner Schule und dem Internat zu tun hatte ein besonderes Hoheitsgebiet gewesen, das sie nur mit großem Respekt und Sonntagskleidern zu betreten wagten. Am liebsten ist es ihnen aber gewesen, wenn sie gar nicht erst hin mussten. Wenn alles seinen Gang ging und der Bub brav war. Das war er auch meistens. Aber nicht immer. Manchmal mussten sie dann doch kommen und sich anhören, was schief gegangen war. Gänzlich schief ging es meistens mit der Mathematik. Da war ich immer sehr bemüht, was bekanntlich so ziemlich die schlechteste Bewertung ist, die man kriegen kann. Kurzum, das Fach Mathematik war für mich eine ständige Lebensgefahr. Und

MUTTERTAG

an die Tafel zitiert und mit Lustgewinn vorgeführt wurde ich von meinem Lehrer regelmäßig. Damit musste ich immer rechnen.

Eines Tages war es wieder so weit. Wegen der schlechten Note bestand Versetzungsgefahr, weil es neben der Mathematik diesmal auch mit Chemie und Physik im Argen lag. So kam also ein so genannter „blauer Brief" nachhause und meinen Eltern das große Grausen. Am Elternsprechtag sollten sie also erscheinen. Und das taten sie auch schweren Herzens. Es war ihnen sichtbar peinlich und äußerst unangenehm, aber als es drauf ankam, wurden sie für mich zu Helden. Zumindest meine Mutter. Es war ihr großer Tag für mich.

Mein ganz besonderer Muttertag. Und das kam so:

Nachdem der mit Stirnrunzeln gezeichnete Herr Lehrer den Tatbestand eingehend dargelegt und das bevorstehende Unheil als unabwendbar an die Wand des Lehrerzimmers gemalt hatte, machte er endlich eine Pause, lehnte sich zurück und schaute ratloser, als ich das an der

Tafel je vermocht hatte. Da ergriff meine Mutter das Wort und sagte: „Aber Herr Lehrer, das ist doch alles halb so schlimm. Unser Bub soll ja mal Pfarrer werden, da braucht er nicht so viel Mathematik." Das war ganz ohne Scham und Scheu gesagt, das sollte auch kein Scherz sein. Sie war in diesem Augenblick einfach nur ehrlich und solidarisch mit ihrem Bub, für den nun mal galt: Religion gut, Kopfrechnen schwach.

Am Ende ist es dann mit Nach- und Gottes Hilfe doch noch gelungen, das Schuljahr erfolgreich abzuschließen. Mein Mathelehrer ließ mich fortan als hoffnungslosen Fall links liegen, was mir recht war, und mit diesem Waffenstillstand bin ich dann bis zum Ende der Schulzeit ganz gut, aber immer gefährlich gefahren.

Die Bibel sagt ja, dass Gott einen trösten kann, wie es nur eine Mutter tut. So gesehen, ist das, was meine Mutter damals geleistet hat, einfach nur göttlich gewesen. Und das rechne ich ihr heute noch hoch an.

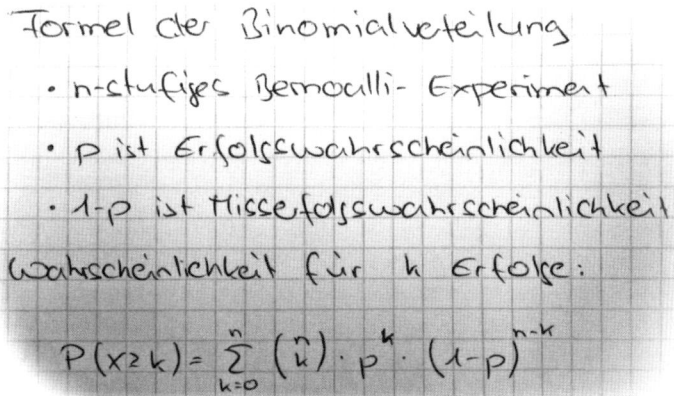

Ein großer, leuchtend bunter Regenbogen am Himmel – den gibt es nicht so oft. Aber wenn er erscheint, fühle ich mich immer in die Kindertage zurückversetzt. Wenn da nämlich der Regenbogen sich gebogen hat, wurden wir Kinder zusammengerufen und darauf aufmerksam gemacht. Und dann haben sie uns die Geschichte von Noahs Arche erzählt und von dem großen Versprechen Gottes.

Das ist nach der großen Sintflut gewesen. Und die war gekommen, weil Gott so enttäuscht wurde von seinen Menschen, die ihn vergessen haben. Nur Noah und seine Familie nicht. Die hat er deshalb ein Schiff bauen lassen, eine Arche für sich und für die Tiere. Als Noah nach 40 Tagen Landunter mit seiner Arche wieder auf dem Trockenen gelandet ist, da ist er ausgestiegen, hat sich umgeschaut und hat so einen wunderbaren Regenbogen gesehen. Wie gebannt haben wir Kinder zugehört, als es dann hieß, Noah hätte Gottes Stimme gehört, wie er nach dieser Untergangsstimmung gesagt hat: „Solange die Erde steht, sollen nicht aufhören: Saat und Ernte, Frost und Hitze, Sommer und Winter, Tag und Nacht."

AUTOGRAMMSTUNDE GOTTES

Kaum ein Bibelvers hat sich mir so gänsehautmäßig eingeprägt wie dieser. Und das mag auch der Grund dafür sein, dass jedes Mal, wenn Gott wieder einen Regenbogen an den Himmel zaubert, ich meine Welt anhalte und genieße, wie er sein Autogramm in die Wolken schmeißt und uns erinnert an sein altes Versprechen, das immer noch gilt. Es ist wie eine Liebeserklärung, himmelhoch und erdennah, zu uns heruntergebeugt über alle Abgründe und Gefahren, denen wir die Erde aussetzen.

Im Regenbogen verfärbt sich das Licht verwegen im Kuss von Regen und Sonne. Nur wenn der Regen fällt, biegt

sich der Bogen vor La-
chen und Freude an der Schöpfung.

Ausgerechnet wenn es trüb ist, wird es selig, trüb-selig halt, was wohl eine besonders in-
tensive Form von Seligkeit ist. Der farbenfrohe Bogen
ist wie eine Schleife, die um das Geschenk der Natur gezogen ist.

So verpackt Gott sein Geschenk an uns immer wieder. Un-
antastbar nah und fern zugleich, unverfügbar auch, unbe-
greiflich fast.

Als unsere Kinder noch klein waren, haben sie wohl meinen staunenden Blick erkannt und wollten mich in ge-
meinsamer Begeisterung dazu bewegen, dass wir zusammen ins Auto steigen, um ihn einzuholen und unter ihm
durchzufahren. Sie wollten mir einfach nicht glauben,
dass das nicht geht. Und so blieb mir nichts anderes üb-
rig, als es zu versuchen. Also bin ich gefahren, schneller
als die Polizei erlaubt, aber es hat nicht einmal funktioniert. Er ließ sich einfach nicht einholen oder gar überho-
len. Der Regenbogen blieb immer mit Abstand der Sieger,
uns immer voraus.

Er ist und bleibt ein magischer Moment am Firmament.
Und wenn Sie demnächst mal wieder einen sehen, dann
halten Sie ein wenig inne und schauen Sie mal zu, wenn
der liebe Gott seine Autogrammstunde macht und uns an
den Himmel schreibt, dass er uns liebt. Auf Biegen und
Brechen, um Himmels Willen sollen wir das nicht vergessen und mit kindlichem Vertrauen schlüpfen unter das
Regenbogen-Farbenkleid.

In der Welt meiner Kindheit hat es wenig Zeitvertreib gegeben. Alle waren fromm und fleißig gleichzeitig und ansonsten immer noch nicht fleißig und fromm genug. Waren wir schneller mit einer Arbeit fertig, als erwartet, dann haben sie uns nicht etwa zum zwecklosen Spielen in den Hof geschickt, sondern mit neuen Aufgaben beschäftigt. Die Zeit war nur dann redlich genutzt, wenn sie gut biblisch Mühe und Arbeit gewesen ist. Das hat mich zeitlebens geprägt.

Bestimmte Erinnerungen beeindrucken mich nachhaltig bis heute. Ich erinnere mich zum Beispiel ganz genau, wie

ZEITVERSCHWENDUNG

ich einmal mitten in der Woche spontan zu meinen Eltern gefahren bin. Und als ich dann die Küchentür aufgemacht habe, stand gerade meine Mutter so mit dem Rücken zu mir an der Spüle, hat sich dann nur ein ganz bisschen zu mir umgedreht, ohne die Hände aus dem Spülwasser zu nehmen und hat gefragt: „Bub, hast du nichts zu tun?"

Damit war klar: Ein Pfarrer, der mitten in der Woche seine wichtige Arbeit unterbricht und einen völlig unnötigen Besuch zu Hause macht, der verschwendet unnötig Zeit. Und das ist nicht in Ordnung.

Und so habe ich mich stets bemüht, fleißig zu sein, die Zeit zu nutzen, nicht zum Zeitvertreib, sondern um beizeiten etwas zustande zu bringen.

Damit ist jetzt Schluss! Ich bin fest entschlossen, mich in Zukunft mit Hingabe der schamlosen Zeitverschwendung zuzuwenden. Dazu werde ich mir Zeitverschwendungstermine im Kalender fest eintragen, damit ich mir auch wirklich die Zeit dafür nehme.

Und dann werde ich jede Menge unnötige Besuche machen, absolut zweckfreie Bücher lesen, auf der Gartenbank hören, wie die Vögel zwitschern. Ich werde mich vor den Kaminofen setzen und das Feuerprogramm genießen, Musik hören und dabei die Zeit vergessen. „Nimm dir Zeit – und nicht das Leben" heißt es doch.

Und die Bibel sagt ganz weise: „Alles hat seine Zeit!" Alles. Auch die Auszeit.

Als kleiner Junge habe ich oft unterm Tisch gesessen. Das war die Zeit, als ich noch so klein gewesen bin, dass ich nicht auf den Tisch schauen konnte. Oft habe ich mich in dieser Höhle so lange verkrochen, bis sie mich vermisst haben.

Unser Küchentisch ist zweifellos das wichtigste Möbelstück im ganzen Haus gewesen. Da hat sich alles abgespielt. Ohnehin ist die Küche der einzig warme Raum gewesen, mit Küchenherd und Wasserstein. Da hat man sich sogar gewaschen und umgezogen, rasiert und fein gemacht. Die Küche war die Kommandozentrale und der Versammlungsort. Kochen, Essen, Reden, Streiten, Backen, Nähen, Flicken, Büroarbeit und Dienstbesprechung, alles wurde in der Küche angerichtet. Und der Tisch war die Mitte und das Zentrum. Darauf wurden wir Kinder gewickelt und angezogen, drum herum saßen wir mindestens dreimal am Tag zur gemeinsamen Mahlzeit. Jeder auf seinem Platz. Hier habe ich gemalt, gespielt, die Hausaufgaben gemacht, Mutter hat darauf den Teig ausgerollt und die selbstgemachten Nudeln ausgebreitet. Die Wäsche wurde darauf gebügelt und die Hemden zusammengelegt. Die Weihnachtsplätzchen wurden darauf ausgestochen, wir haben Strohsterne gebastelt und alles mit Uhu verklebt, Ketten ausgeschnitten aus rotgoldenem Papier, das in bar ausbezahlte Milchgeld wurde darauf nachgezählt und alles, wirklich alles wurde da aufgetischt, was wesentlich und wichtig war: Die Post, die Zeitung, die Herrnhuter Losungen, die Bibel und das Neukirchner Kalenderblatt.

So stark frequentiert und abgenutzt lag es nahe, dass wir den Eltern regelmäßig zu Weihnachten ein neues Wachstuch geschenkt haben, mit dem die Tischplatte abgedeckt

TISCH GEDECKT

wurde. Das roch man die ersten Wochen im ganzen Haus. Noch bis ins hohe Alter hat mein Vater am Sonntag, wenn wir zu Besuch gekommen sind, darüber ein weißes Tischtuch gelegt und mit dem guten Kaffeegeschirr eingedeckt. Tischkultur gepflegt, verinnerlicht, zelebriert.

Und als ich dachte, dieser Tisch hätte sozusagen schon alle denkbaren Funktionen erfüllt, zu denen so ein Tisch in der Lage sein kann, da geschah das ganz unerwartet Besondere. Meine Geschwister schlugen vor, wir sollten uns zu einer Abendmahlsfeier in der Küche treffen, weil es unserem Vater sehr schlecht ging und wir uns auf den Abschied vorbereiten wollten. Und so fuhr ich nach Hause zum Elternhaus, erstmals mit Talar und Abendmahlsgerät im Kofferraum und habe aus unserem altgedienten Küchentisch einen Altar gemacht, mit Kerzen und Kreuz und Brot und Wein. Den Talar musste ich aus überlebensstrategischen Gründen unbedingt anziehen, um die Distanz und die Kraft für diese Giebelnummer zu bekommen. Es war auch so noch schwer genug. Wir haben gesungen, gebetet und uns das Brot und den Kelch gereicht. Tischlein deck dich – das brauchen wir unser Leben lang. Und im Himmel, so behaupte ich jetzt einfach einmal, werden wir auch wieder daran sitzen zusammen mit DEM, der uns das Brot das Lebens und den Kelch des Heils reicht, um mit uns anzustoßen auf das Leben.

Wir hatten meistens vier Stunden Zeit. Vier Stunden für einen Aufsatz in der Schule. Im Grunde ging der ganze Morgen komplett dafür drauf. Nach den Ferien schrieben wir, was unser schönstes Erlebnis gewesen war. Vor Weihnachten, was wir uns wünschen. Später wurde es anspruchsvoller und dialektisch. Wir sollten darstellen, was dafür und was dagegen spricht. Irgendein aktuelles Thema. Egal, Hauptsache Pro und Kontra sauber dargestellt und am Ende der faule Kompromiss.

Was habe ich mich da ins Zeug gelegt und drauflos geschrieben.

AUFSATZ SCHREIBEN

Nur eines war immer mein Problem: Ich bin so gut wie nie fertig geworden. Obwohl ich vier Stunden nachgedacht und seitenweise argumentiert hatte, bis mir der Kopf rauchte und die rechte Hand wehtat, es hat nie gereicht. Die Zeit war einfach um, und ich war noch mitten drin, statt schon vorbei.

Und dann standen sie so hinter mir, die Aufsichtspersonen, wippten mit ihren großen Füßen hin und her, mehr oder weniger drängend und ernst, bis ihnen auf einmal dann der Geduldsfaden riss und aus war's mit der Nachspielzeit. Unter der Hand haben sie mir das Blatt entrissen. Schluss mit Verdruss!

An manchen Aufsätzen schreibe ich heute noch. Und irgendwie ist es auch mein Lebensthema geblieben. Immer wieder ist die Zeit abgelaufen, ein Besuch, eine Reise, ein Gespräch, eine Begleitung geht zu Ende. Wir gehen auseinander, müssen uns trennen, obwohl wir nicht fertig geworden sind, obwohl es noch so viel zu sagen gäbe.

Aufsatz schreiben in Variationen. Es ist einfach schwierig, so endlich zu sein, abzubrechen, aufzuhören. Jeden Abend merken wir das.

Darum mag ich den Doppelpunkt so gern. Viel lieber als den Endpunkt. Ich mag es, wenn wir uns am Ende eines Gespräches oder beim Abschied nach einem Besuch gleich wieder neu verabreden. Dann ist es nicht so schlimm, noch nicht fertig zu sein. Im Gegenteil.

Dann ist es ein Zeichen für die Qualität unseres Zusammenlebens.

Und die Voraussetzung dafür, dass man sich auf das Wiedersehen freut.

Ich glaube, dass Gott auch so einen Plan für uns hat. Er ist noch nicht fertig mit uns. Hier nicht und dort nicht. Darum will er sich gerne verabreden. Im Himmel schreibe ich dann seelenruhig alle Aufsätze zu Ende, mit denen ich hier nicht ganz fertig geworden bin.

Und jetzt ist auch schon dieses Buch zu Ende, obwohl …

Jeder der 45 Texte hat einen biblischen Bezug, zitiert einen Bibelvers oder -abschnitt oder setzt einen biblischen Kontext voraus. Um die Nutzung und den Gebrauch des Buches für die Praxis tauglich zu machen, sind hier die jeweiligen Bibelstellen angegeben:

BIBLISCHE HALTESTELLEN

Alles auf Anfang: Lukas 10,20b
Wie sich das gehört: 1. Korinther 6,19
Ich kann nichts dafür: Johannes 14,2+3; 1. Korinther 8,5+6
Mit Pfiff: Psalm 103; Daniel 3,1–12; Zephania 2,15
Lichtblick: Matthäus 2,9–11; 5,14; Johannes 8,12
Brieffreundschaft: 2. Korinther 3,2
Immer wieder sonntags: 1. Mose 2,1–3
Schuhe binden: Apostelgeschichte 12,6ff
Fremdes Wort: Matthäus 5,37
Still beschäftigt: Apostelgeschichte 17,27
Springender Punkt: Matthäus 5–7
Sandalen: Lukas 15,11–24
Glaubst du noch, oder weißt du schon?: Lukas 2
Zum Niederknien: Philipper 2,10
Himmelwärts: 1. Mose 28; Johannes 14,1–3
Milchhäuschen: Psalm 26,8
Hasenrein: Johannes 3,16
Oma lacht: Prediger 3,4
Meine bunte Welt: 5. Mose 6,20
Dufte: 1. Mose 8,21; 43,11; 2. Mose 30,22; Ruth 3,3;
        Hoheslied 1,2; 4,12; 1. Könige 10; 2. Korinther 2,15
Donnerwetter: Hiob 35,29
Eile mit Weile: Jesaja 30,15
Knoten im Taschentuch: Psalm 103,2

Hut ab!: 1. Korinther 16,19–24
Pausenlos: Psalm 90
Bekanntmachung: Matthäus 28,18
Pausieren geht über Studieren: Markus 4,35; 6,31
Reisegepäck: 1. Timotheus 6,7
Kein Tor!: Römer 12,15
Werdegang: Markus 10
Schöne Beerdigung: Psalm 90,12; Matthäus 25,35–40
Omas Abendgebet: Matthäus 6,10
Steuerbescheid: Sprüche 16,9
Heiliger Bimbam: 2. Mose 39,24; 1. Korinther 13,1
Weltenwandel: Epheser 6,4; Kolosser 3,21
Buchdruck: Johannes 1,1–5
Die Steckenoma: Matthäus 5,9
Schlüsselerlebnis: 5. Mose 5,16
Der große Wurf: Psalm 55,22; 1. Petrus 5,7
Tanzschule fürs Leben: 2. Mose 15,20; 2. Samuel 6;
                 Psalm 149,3ff; Matthäus 11,17
Muttertag: Jesaja 66,13
Autogrammstunde Gottes: 1. Mose 8,22
Zeitverschwendung: Prediger 3
Tisch gedeckt: 2. Mose 25,1–26; Psalm 23;
            1. Korinther 10,21
Aufsatz schreiben: Psalm 90,4; Offenbarung 22,13

Ich habe einen Lebenslauf. Das fing damit an, dass ich an einem Herbstsamstag im September in Breunigweiler geboren wurde. Kurz vor dem Abendessen. Das war im letzten Jahrtausend, anno 1956. Dort, am Donnersberg, bin ich mit meinen beiden älteren Geschwistern fröhlich auf unserem Bauernhof aufgewachsen. Kälbchen, Kühe, Pferde, Schweine, Hühner, Feld, Wald und Wiese haben mein Weltbild geprägt. Ich ging in die Volksschule im Dorf. Da war die Welt noch übersichtlich. Das

DR. LUDWIG BURGDÖRFER

änderte sich, als sie mich nach Kaiserslautern ins Internat steckten.

1975 Abitur. Dann Studium der Theologie in Bethel und Heidelberg. Erste Pfarrstelle 1983 in Gundersweiler. Dann Wechsel nach Landau. Nebenbei Promotion in Heidelberg. Zehn Jahre Pfarrer an der Stiftskirche, davon sechs Jahre Dekan in Landau.

Seit 2002 Leiter des Missionarisch Ökumenischen Dienstes der Evangelischen Kirche der Pfalz. Fisch und Taube sind unsere Zeichen.

Seit über 20 Jahren mache ich im Radio Anstöße und Morgengrüße in SWR 1 und SWR 4.

Unter uns gesagt mache ich das eigentlich nur, um mir selber immer wieder den Glauben und den Zweifel an Gott zu erklären. Dass mir dabei so viele zuhören, nehme ich billigend in Kauf.

Außer meinem schönen Beruf habe ich noch zwei schöne große Kinder, fünf schöne kleine Enkel, eine schöne Frau und zwei schöne Pferde.